Franz Marc Frei

Mein perfektes Wochenende MÜNCHEN

Der Auszeitguide mit ausgewählten Empfehlungen zu Kultur, Kulinarik, Aktivitäten und Übernachtung

Süddeutsche Zeitung Edition

INHALT

EINLEITUNG

München ist, wie so viele andere Städte auch, ein Zentrum der Gegensätze: Tradition und Innovation etwa. Arm und Reich, Vergangenheit und Zukunft. Die »Bierhauptstadt Deutschlands«, wie die Isarmetropole gerne spöttisch genannt wird, ist gleichzeitig einer der bedeutendesten Wirtschaftsstandorte Europas. Willkommen in der pulsierenden Großstadt mit Alpenpanorama!

Dass München zu den Olympischen Spielen im Jahr 1972 mit dem Slogan »Weltstadt mit Herz« geworben hat, war wohl etwas geflunkert, weil es damals mehr mit einem Dorf als mit einer Stadt gemein hatte. In den darauffolgenden Jahrzehnten allerdings wurde es aufgrund des Zuzugs vieler Hightechfirmen und der enormen Migration von Fachkräften aus vielen Winkeln der Welt zu einem echten globalen Dorf. Einem »Dorf«, auf dessen Straßen babylonische Sprachvielfalt herrscht. Einem, in dem man – rein kulinarisch gesehen – an einem Tag die ganze Welt verkosten kann. Einem Dorf mit mondäner Kunst- und Kultur- und einer lebendigen Kleinkunstszene. Und einem voller großer Wunder und unendlich viel Irr- und Wahnsinn des Alltags. Humor hilft, das alles zu verarbeiten. Karl Valentin wusste das längst und hat seine scharfsinnigen Beobachtungen in einen manchmal paradoxen Wortwitz gepackt wie etwa: »Die Zukunft war früher auch besser.«

Die bayerische Landeshauptstadt hat eine bewegte Geschichte, die bis ins 12. Jahrhundert zurückreicht. Gegründet von Mönchen – daher der Name »München« –, entwickelte sich die Stadt schnell zu einem wichtigen Handelszentrum. Die Wittelsbacher, Bayerns Herrscherdynastie, prägten ihre Residenzstadt über Jahrhunderte hinweg. Ihre Kunstsinnigkeit wird oft gelobt.

Die historischen Prachtbauten bilden eine perfekte Kulisse für das städtische Leben. Die Stadt hat sich aber auch zu einem der führenden Wirtschaftsstandorte Europas entwickelt. Heute ist der Informations- und Kommunikationssektor die wichtigste Wachstumsbranche. Die Münchner haben längst erkannt, dass man mit Brezen und Bier gut Geld machen kann – aber auch, dass beides, mit Bits und Bytes bereichert, hilft, sicher durch das endlos vernetzte Geflecht globaler Beziehungen zu manövrieren. Und so hat sich die Stadt zu einem Magneten für Hightechunternehmen und Start-ups entwickelt.

Trotz all des wirtschaftlichen Erfolgs hat München seine bayerischen Wurzeln nicht vergessen. Das Oktoberfest, weltbekannt und oft belächelt, ist mehr als nur ein gigantisches Bierfest. Es ist ein Stück Münchner Identität, ein jährliches Ritual, bei dem Einheimische und Touristen gemeinsam feiern – und nebenbei der wichtigste Ort, um neue Geschäfte einzufädeln.

Die Münchner selbst werden manchmal als arrogant wahrgenommen, als »reiche Schnösel«, die mit ihren riesigen SUVs erst kürzlich eingezeichnete Parkflächen zu klein machen und über das südliche Umland herfallen, über Kitzbühel und den Gardasee. Helmut Dietls Filme haben diese »Bussi-Bussi«-Gesellschaft mehrmals unter die Lupe und aufs Korn genommen. Dietl ist tot, auch Helmut Fischer alias Monaco Franze. Die »Schickeria« hingegen gibt es heute noch – wenn auch zersplitterter, bunter. Immer häufiger gerät das althergebrachte »Leben und Lebenlassen« aber in Gefahr. Ein Grund dafür ist die chronische Wohnungsnot. Denn München ist in jeder Hinsicht eine Stadt der Superlative: hohe Lebensqualität, niedrigste Arbeitslosigkeit – aber auch teuerstes Pflaster zum Wohnen. Viele können sich die Stadt nicht mehr oder nur noch schwer leisten.

Doch hinter all den Klischees verbirgt sich eine pulsierende Metropole, die weit in die Zukunft blickt, ohne die Bodenhaftung zu verlieren. Ich hoffe, dass Sie auf Ihrem Besuch nicht nur die Fassaden der Sehenswürdigkeiten kennenlernen, sondern auch den ein oder anderen Münchner. Dass Sie manchmal die Zeit vergessen, einfach nur alles an sich vorüberschwirren lassen. Und dass Sie das viel beschriebene Isarflimmern und die Alpen spüren. Servus!

WIE BENUTZT MAN DIESES BUCH?

Sie wollen ein verlängertes Wochenende in München verbringen? Dieser kleine Reiseführer macht es Ihnen besonders leicht, die Stadt von ihrer schönsten Seite kennenzulernen.

▶ **Die Ausgangslage:** Wir gehen davon aus, dass Sie am frühen Freitagnachmittag an- und am Sonntag nach dem Mittagessen wieder abreisen. Dazwischen liegen zwei Tage, an denen Sie viel sehen und erleben, aber auch entspannt bleiben möchten.

▶ **Das Angebot:** Die Inhalte dieses Wochenendführers sind überschaubar, alle Empfehlungen ganz bewusst für Sie ausgewählt.

▶ **Orientierung am Tagesablauf:** Der Inhalt ist thematisch nach dem Tagesablauf strukturiert. Zu jeder Rubrik werden jeweils unsere drei besten Empfehlungen ausführlich beschrieben, danach folgt ein Überblick mit drei bis fünf weiteren kurzen Tipps. Außerdem finden Sie zu jeder Empfehlung die Angabe, für welchen Tag beziehungsweise welche Tageszeit sie am besten passt.

▶ **Bonus:** Zusätzlich finden Sie noch einen Jahresüberblick über die wichtigsten Events der Stadt, Interviews mit besonderen Menschen oder auch mal ein Rezept.

▶ **Damit es wirklich Ihr ganz persönliches Wochenende wird:**

· Am Ende des Buchs finden Sie einen Wochenend-Planer, in den Sie Ihre individuelle Auswahl aus all den Vorschlägen eintragen können.

· Oder Sie stellen sich mit Ihrem Smartphone über diesen QR-Code gleich online Ihr perfektes Wochenende zusammen, indem Sie zu den jeweiligen Tagesabschnitten Ihre Favoriten aus den Themenvorschlägen auswählen und mit nur einem Klick Ihre ganz persönliche Wunschliste erhalten.

15:00

ANKUNFT

Willkommen in München! Sie sind gerade angekommen, haben Ihr Gepäck verstaut und fragen sich nun: Wohin zuerst? Wie wäre es, direkt ins Herz der Weltstadt zu fahren – zum Marienplatz? Da sind Sie gleich mittendrin! Haben Sie Ihre Kamera dabei? Hier finden Sie die ersten Motive. Oder Sie verschaffen sich von einem der Türme den ersten Überblick. Und wenn Ihr Magen knurrt, führen Sie ihn zum Viktualienmarkt. Egal, wofür Sie sich entscheiden – Ihr Abenteuer beginnt jetzt!

◄ Vom Alten Peter blickt man über ganz München.

ANREISE – INFOS

Es kann gute Gründe geben, das Auto oder den Flieger zu wählen, um nach München zu kommen – diese Entscheidung können wir Ihnen nicht abnehmen. Mit der Bahn haben Sie den großen Vorteil, in der Innenstadt anzukommen und ganz ohne Parkplatzsuche in München einzutauchen.

Per Flugzeug: Der Münchner Flughafen (MUC) befindet sich rund 28 Kilometer nördlich von München. S-Bahnen im 10-Minuten-Takt verbinden ihn mit dem Stadtzentrum (Fahrtdauer ca. 40 bis 45 Minuten). Wegen der längeren Ausbauarbeiten der Stammstrecke ist der S-Bahn-Verkehr am Wochenende teilweise eingeschränkt. Alternative: der Lufthansa Express-Bus nach Schwabing Nord und Hauptbahnhof (alle 20 Minuten, Fahrtdauer ca. 45 Minuten). In beiden Verkehrsmitteln gilt das Deutschlandticket. Darüber hinaus gibt es Taxis (70 bis 100 Euro, je nach Ziel), und manche Hotels bieten einen eigenen Shuttleservice an.

Per Auto: Um München führen zwei Ringstraßen: Der Mittlere Ring verläuft innerhalb des Stadtgebiets und wird von Navigationsgeräten B2R genannt. Wegen der hohen Schadstoffwerte in der Luft musste München eine Umweltzone einführen. Diese beginnt mit dem Mittleren Ring. Dieselfahrzeuge mit Euro-Norm IV oder älter unterliegen dem Fahrverbot und dürfen dort oder weiter innerhalb der Stadt nicht fahren. Ausnahmen gibt es für Kennzeichen, die mit H (historisch) enden, für Handwerker mit Genehmigung oder für Menschen mit Behinderung. Benziner mit grüner Umweltplakette dürfen die Umweltzone befahren.

Kommen Sie vom Norden, steht das Parkhaus Fröttmaning unmittelbar bei der Allianz Arena zur Verfügung. Der Tagespreis für Nicht-

ÖPNV-Nutzer: 10 Euro für den ersten Tag, 4 Euro ab dem zweiten; ÖPNV-Nutzer zahlen 1,50 Euro am ersten und 4 Euro ab dem zweiten Tag. Die U-Bahn-Station ist im Parkhaus integriert. Bahnhöfe im S-Bahnbereich mit Parkmöglichkeiten sind mit P+R für Park and Ride markiert. Innerhalb des Mittleren Rings ist das Parken kostenpflichtig, der Preis nach Zonen gestaffelt (ab ca. 12 Euro pro Tag). In vielen Gebieten ist das Parken nur mit Anwohnerausweis möglich.

Per Bahn: Abhängig von der Richtung, aus der Sie kommen, werden Sie mit dem Zug am Haupt- oder Ostbahnhof ankommen. Von dort stehen S- und U-Bahnen, Tram, Busse und Taxis zur Verfügung. Die Taxizentrale München erreichen Sie unter Tel. +49 89/45 05 40 oder +49 89/216 10.

Öffentliche Verkehrsmittel: Der Münchner ÖPNV ist durch S- und U-Bahnen, Trams und Busse gut ausgebaut. Einige Nachtlinien, mit N gekennzeichnet, ergänzen das Angebot. Haben Sie kein Deutschlandticket, gibt es Mehrtageskarten für verschiedene Zonengebiete. Die hier beschriebenen Sehenswürdigkeiten befinden sich weitestgehend im Innenraum. Die App MVGo erleichtert die Orientierung und hilft bei der Ermittlung des Fahrpreises.

Geschäfte schließen montags bis samstags um 20 Uhr, kleinere Einzelhändler manchmal schon um 18 oder 19 Uhr. Sonntags sind alle Geschäfte geschlossen.

ENTSPANNTES ANKOMMEN

Endlich stehen Sie im Zentrum der Stadt, der so viele Gesichter angeheftet werden. Sicherlich werden sie auch Ihr momentanes Bild von München prägen. Doch welches werden Sie am Ende Ihrer Reise mitnehmen? Ich wünsche Ihnen viel Spaß dabei, es zu entdecken.

Marienplatz Die Kulisse mit den beiden Rathäusern ist weltbekannt. Bis 1807 wurde hier um Getreidepreise und gute Deals gefeilscht. 1972 eröffnete die Fußgängerzone, und heute ist der Marienplatz ein wichtiger Knotenpunkt des ÖPNV – unterirdisch. Die Mariensäule, aufgestellt nach einer Pestepidemie, ist der Nullkilometer bayerischer Straßen und der Schäfflertanz des Glockenspiels ein beliebtes Fotomotiv. Um 11 und 12 Uhr, von März bis Oktober auch um 17 Uhr setzt es sich in Bewegung. Stimmung kommt hier auf, wenn der FC Bayern wieder einmal die Meisterschaft geholt hat – dann feiern die Spieler mit dem Oberbürgermeister auf dem Balkon des Rathauses und verwandeln den Platz in ein rot-weißes Meer aus Trikots und Bierduschen.

Ⓗ **S-Bahn | U-Bahn** Marienplatz, muenchen.de/sehenswuerdigkeiten/top-sehenswuerdigkeiten/marienplatz

Neues Rathaus 1904 eröffnet, ersetzte es die Dienste des Alten Rathauses. Zwischen beiden Gebäuden steht nur das »Kaufhaus der Sinne«, Ludwig Beck. Das Vorbild des Neuen Rathauses findet sich in Brüssel. Auf der Spitze des Rathausturms wacht das Münchner Kindl. Die Aussichtsterrasse ist hier zwar nicht so hoch wie auf dem Alten Peter – doch Größe ist bekanntlich nicht alles. Hier kann man sich schweißfrei von einem Aufzug auf 85 Meter bringen lassen.

Ⓗ **S-Bahn | U-Bahn** Marienplatz, Marienplatz 8, muenchen.de/sehenswuerdigkeiten/bauwerke-und-denkmaeler/neues-rathaus

Alter Peter Münchens liebster Aussichtspunkt, der Turm der Pfarrkirche Sankt Peter, zieht Alpinisten und Alpen-Fern-Seher an. Wer sich auf die 306-Stufen-Odyssee begibt, wird schnell feststellen, dass jede einzelne davon eine schmerzhafte Erinnerung an verpasste Fitnessstudiobesuche ist. Doch erreicht man die Spitze, wird die Anstrengung mit einem grandiosen Ausblick belohnt: München liegt einem zu Füßen wie ein gigantisches Wimmelbild, und bei Föhn sind die Berge zum Greifen nah. Hinter den ersten Ketten beginnt dann auch schon Österreich.

Ⓗ **S-Bahn | U-Bahn** Marienplatz, Rindermarkt 1, alterpeter.de

Viktualienmarkt Auch Anfang des 19. Jahrhunderts fand es das Bildungsbürgertum chic, Fremdwörter einzuführen. Aus dem »Grünen Markt« wurde deshalb der »Viktualienmarkt«, vom lateinischen *victualia* für »Vorräte, Lebensmittel«. Auf dem Markt und in seiner Umgebung findet man Cafés, Kneipen, einen Biergarten und Gaststätten. Weil hier das Herz Münchens am stärksten schlägt, wurden in den 1950er-Jahren sechs Brunnen gebaut. Sie sind den Volkssängern, den sogenannten »Levithenlesern«, gewidmet. Der Valentinbrunnen ist der bekannteste von ihnen.

Ⓗ **S-Bahn | U-Bahn** Marienplatz, Viktualienmarkt 6, muenchen.de/infos/viktualienmarkt

6:00

FRÜHAUFSTEHER

Fährt man als Münchner am Wochenende ins Grüne, dann früh am Morgen, um Verkehrsstaus zu vermeiden. Für alle anderen beginnt der Samstag etwas zögerlicher. Die oft doch recht engen Gehwege der Stadt sind noch leer. Trotzdem stapeln die Standbesitzer am Viktualienmarkt jetzt ihre Auslagen, auch viele der städtischen Bäder haben schon geöffnet. Vielleicht aber zieht es Sie einfach nur an die Isar, in einen der vielen Parks, die München zu bieten hat, oder auf einen Flohmarkt?

◄ Morgenstimmung im Schlosspark Nymphenburg

Au/Haidhausen

1 EINTAUCHEN IM JUGENDSTIL

München, 1894: Viele Haushalte, vor allem die der kinderreichen, ärmeren Familien, sind noch nicht mit einem Badezimmer ausgestattet. Karl Müller, ein wohlhabender Ingenieur, kinderlos und in den letzten Jahren seines Lebens Witwer, lebt in dieser Zeit und beschließt, seinen Immobilienbesitz der Stadt München zu schenken – beeindruckende 1 800 000 Mark. Doch die großzügige Geste ist an einen Zweck gebunden: Mit dem Geld soll ein Volksbad errichtet werden, das insbesondere der ärmeren Bevölkerung zugutekommen soll.

Der Architekt Carl Hocheder nahm sich dieses Anliegens an und mischte Elemente römischer Thermenanlagen, türkischer Hamams und barocker Hallenbauten zu einem bunten Cocktail, der es in sich hat. Jugendstilelemente verzieren die Architektur innen und außen und machen das Gebäude am Ufer der Isar schon von Weitem sichtbar. Das Müller'sche Volksbad war geboren.

Es wurde schnell als eines der modernsten und schönsten Bäder Europas bekannt. Ein großzügiges Hallenbad und ein kleineres Becken, das einst für Frauen reserviert war, bieten Platz zum Schwimmen und mehrere Dampfbäder sowie unterschiedlich temperierte Saunen die Gelegenheit, Körper und Seele in Einklang zu bringen. Später am Tag werden auch Massagen angeboten – quasi ein All-inclusive-Urlaub für den kleinen Geldbeutel. Müllers Vision war es, den Menschen nicht nur die Möglichkeit zu geben, sich zu reinigen und zu erfrischen, sondern auch einen Ort der Begegnung zu schaffen. So lebt Karl Müller als echter Held der Körper- und Sozialhygiene weiter!

Mo–So

Ⓗ **S-Bahn** Rosenheimer Platz
Rosenheimer Straße 1, swm.de/baeder/muellersches-volksbad

Altstadt/Maxvorstadt

2 JOGGEN IM ENGLISCHEN GARTEN

Im Englischen Garten Morgensport zu machen, ist nichts für entscheidungsschwache Geister! Vom Haus der Kunst im Süden bis zum Norden ist der Park ganze 5,5 Kilometer lang und rund 2 Kilometer breit, insgesamt stehen 78 Kilometer Wegenetz zur Wahl. Deswegen verbinden wir die Route mit Sightseeing, zum Beispiel zum Monopteros im Süden, einem kleinen griechischen Tempel auf einem Hügel, von Weitem sichtbar. Von dort hat man einen fantastischen Ausblick auf die Kuppel der Staatskanzlei, die Spitze der Peterskirche, die Türme der Frauenkirche mit ihren Welschen Hauben, den Rathausturm und die gelbe Theatinerkirche – die weltbekannte Skyline der Altstadt. Der Schwabinger Bach zerteilt die Liegewiese. Unerschrockene baden hier schon früh am Morgen, aber Achtung: Er wird vom Eisbach gespeist und ist kalt! Zum Chinesischen Turm, einem der bekanntesten Biergärten Münchens, sind es vom Monopteros nur wenige Meter. An Sommerwochenenden spielt hier ab Mittag die Blasmusik für bis zu 7000 Gäste.

Schilder weisen den Weg weiter zum Kleinhesseloher See. Bäume spiegeln sich im Wasser, redselige Enten erzählen – vielleicht von den Gästen, die sich später um die begehrten Plätze am Wasser bemühen, von den Schlangen, die sich an den Kassen bilden werden, von Bootspartien, die mit einer Wasserschlacht enden? Auf der Rückseite des Seehauses führt eine Brücke über den Mittleren Ring und in den nördlichen Teil des Englischen Gartens. Selbst wenn der südliche Park schon gut besucht ist, kann man dort noch Ruhe finden.

Sollten Sie sich entscheiden, später am Tag wiederzukommen: Im Café Königin43 (in der Königinstraße 43) wird gekühlter Wein mit Gläsern verkauft – ideal für ein spontanes Picknick im Englischen Garten. Cheers auf das Leben! Cheers auf München!

Mo–So

Ⓗ **U-Bahn** Universität oder Odeonsplatz | **Bus** Haus der Kunst
schloesser.bayern.de/deutsch/garten/objekte/mu_engl.htm

Nymphenburg

3 FLANIEREN IM SCHLOSSPARK

Ohne den Kurprinzen Max Emanuel von Bayern gäbe es wohl kein Schloss Nymphenburg. Denn weil dieser sich so lange Zeit gelassen hatte, wurde seine Mutter, Henriette von Savoyen, aus Anlass seiner Geburt 1662 mit einem Landsitz beschenkt, mit dessen Bau 1664 begonnen wurde. Der Thronfolger entwickelte sich prächtig – und das Sommerschloss der Wittelsbacher ebenso. Der ursprünglich barocke Garten wurde um 1800 in einen natürlichen Landschaftsgarten umgewandelt, mit Seen und naturnahen Bächen. Er gehört heute zu den großen Gartenkunstwerken Deutschlands.

Hängt morgens noch der Dunst über den Wiesen, wird ein Spaziergang zu den kleinen Schlösschen des Parks zum atmosphärischen Lichtspektakel. Um sie zu finden, muss man die strengen Alleen entlang des zentralen Kanals verlassen. Schon nach wenigen Metern kommt die Natur in Schwung. Wald wechselt mit Wiesen ab, ein Netzwerk von Wasserläufen durchzieht den Park und bietet Rehen, Bibern, Reihern, Eisvögeln und Waldkäuzen einen Lebensraum. An ruhigen Morgen steigen die Chancen, sie auch zu sehen.

Eine online vorgebuchte Eintrittskarte zum Schloss ermöglicht (von April bis Mitte Oktober ab 9 Uhr) den Zutritt zu den Schlösschen: Die Amalienburg ist ein prachtvolles Rokokojagdschloss, die Badenburg ein elegantes Badehaus, die Pagodenburg ein chinesisch inspirierter Pavillon und die Magdalenenklause eine künstliche Ruine. Der Schlosspark selbst ist ganzjährig geöffnet, der Eintritt ist frei.

Mo–So

Ⓗ **S-Bahn** Laim, dann **Bus** Schloss Nymphenburg | **U-Bahn** Rotkreuzplatz, dann **Tram** Schloss Nymphenburg
Schloss Nymphenburg, Eingang 1, schloss-nymphenburg.de

Trudering/Riem

4 STÖBERN AM ALTEN FLUGHAFEN

Sa

Ⓗ **U-Bahn** Messestadt Ost
Am Messefreigelände
flohmarkt-riem.com

Früher ging man vom Flughafen Riem auf Reisen, heute ist das Gelände am De-Gasperi-Bogen an Samstagen selbst eine Reise in eine andere Welt. Auf dem Flohmarkt München-Riem finden Sie auf über 75 000 Quadratmetern ab 6 Uhr morgens eine bunte Mischung aus Kleidung, Rädern, Elektroartikeln, Spielzeug, Büchern, CDs, Antiquitäten sowie Obst und Gemüse (Bild oben). Professionelle Händler verkaufen ebenso wie Privatleute und Bauern. Kaffee und Brotzeiten sind erhältlich.

Milbertshofen/Am Hart

5 SONNENAUFGANG AM OLYMPIABERG

Mo–So

Ⓗ **U-Bahn** Olympiazentrum
olympiapark.de

Nach den Bombenangriffen während des Zweiten Weltkriegs war die Altstadt Münchens zu 90 Prozent zerstört, die gesamte Stadtfläche zu 50 Prozent. Mit einem Teil des Schuttes wurde im Oberwiesenfeld die Basis für die Hügellandschaft des Olympiaparks geschaffen. Das Stadion ist heute denkmalgeschützt (Bild rechts). Vom höchsten Berg hat man einen wunderbaren Blick über die ganze Stadt – und mit etwas Glück bis zu den Alpen.

Altstadt/Lehel

6 INSELHOPPING AN DER ISAR

Mo–So

Ⓗ **S-Bahn** Isartor
praterinsel.de, deutsches-museum.de/museum/pressemappe/museumsinsel

Das Deutsche Museum und das Museum des Deutschen Alpenvereins liegen unweit voneinander zwischen den Armen der Isar und der kleinen Isar auf zwei Inseln: der Museums- und der Praterinsel. Verbunden sind sie durch Stege. Über eine Fußgängerbrücke gelangt man in die Maximiliansanlagen, eine kleine, von Besuchern oft übersehene Grünanlage, die sich von der Isar bis zum Hochufer erstreckt. Hier liegt das Maximilianeum, in dem der Bayerische Landtag berät, und flussaufwärts der Friedensengel, ein Geschenk Münchens an die Wittelsbacher, um des 25 Jahre alten Frankfurter Friedens mit Frankreich zu gedenken (Bild links unten).

Sendling

7 IM BAUCH DER STADT

Di Mi–Do

Ⓗ **U-Bahn** Implerstraße
muenchen.travel

Seit ihrer Gründung im Jahr 1912 mussten sich die Händler und Einkäufer der Großmarkthalle einigen Foodtrends anpassen. Wie dort der Alltag so abläuft und wie die Versorgung mit Lebensmitteln in München funktioniert, dazu werden vor Ort 90 bis 120 Minuten lange Touren angeboten – von März bis April jeweils am Dienstag und Donnerstag, zwischen Mai und Oktober dienstags und mittwochs jeweils um 7.30 Uhr. Die Anmeldung erfolgt im Internet.

11:00

TAGSÜBER

Von Mönchen zu Monarchen, vom Bier zum Barock – die Geschichte dieser Stadt ist so gehaltvoll und delikat wie ein gut gefüllter Maßkrug. Begeben Sie sich auf eine Zeitreise, die mit einer Brücke und einem Streit begann und schließlich eine Weltmetropole entstehen ließ. Entdecken Sie, wie aus einem bescheidenen Marktflecken die schillernde Hauptstadt Bayerns wurde, in der sich Tradition und Moderne die Hand geben. Lassen Sie sich von München verzaubern.

◄ Die Lichtkuppel in der Pinakothek der Moderne

Verschiedene Stadtviertel

8 »SERVUS MÜNCHEN!«

Die Idee, dass Besucher eine Stadt von Einheimischen gezeigt bekommen, wurde 1992 in New York geboren. Inzwischen werden Touren in 130 Städten weltweit angeboten, auch in München. Auf der Webseite der International Greeter Association tippt man die Wunschdaten für eine Tour ein – am besten mit ein bis zwei Wochen Vorlauf. Auch eine Eingrenzung des Themas hilft beim folgenden persönlichen Gespräch. Ein »Greeter« – die Idee kommt vom englischen *to greet* für »begrüßen« – ist jemand, der fremde Besucher in seinem Wohnort begrüßt und seine persönliche und authentische Erfahrung weitergibt. Über 300 *greets* wurden 2023 in München angefragt, und 70 Prozent konnten auch bedient werden.

Dabei kann es sich um eine allgemeine Führung in der Altstadt handeln, eine im Stadtteil, in dem ein Greeter wohnt, oder aber um ein spezielles Thema. Greeter machen die Führungen ehrenamtlich, die Tour ist deshalb kostenlos. Eine Spende an die Organisation für die Vermittlung hält die Idee allerdings am Leben. Gruppen sollten nicht größer sein als sechs Personen – größere Familien machen eine Ausnahme. Die Dauer des Rundgangs kann abgesprochen werden – zwei bis drei Stunden geben in den meisten Fällen Raum, um Gästen die Heimatstadt abseits der ausgetretenen Touristenpfade näherzubringen. Ganz nebenbei sollen diese Begegnungen den kulturellen Austausch fördern – und damit einen nachhaltigen Tourismus. Die Greeter-Philosophie basiert auf dem Motto »Komm als Gast, geh als Freund«. Damit (frei nach Karl Valentin) »mein Fremder in der Fremde nicht mehr fremd« ist.

Mo–So

Ⓗ **Haltestelle** Nach Absprache
internationalgreeter.org

Altstadt

9 HERRSCHAFTLICHE RESIDENZTOUR

Jedes Gebäude erzählt seine Geschichte – Königshäuser machen dabei keine Ausnahme. Die spannende Geschichte der Münchner Residenz reicht bis ins 14. Jahrhundert zurück. Als ehemaliger Wohnsitz der bayerischen Herzöge und Könige ist sie heute einer der größten Museumskomplexe Bayerns und bietet einzigartige Einblicke in die herrschaftliche Kultur Bayerns.

Die Residenz ist ein beeindruckendes Beispiel für verschiedene Baustile, darunter Renaissance, Barock und Rokoko. Darin spiegeln sich sowohl die unterschiedlichen Geschmäcker der Wittelsbacher Dynastie als auch der Zeitgeist wider. Im Zweiten Weltkrieg, als hier schon lange niemand mehr wohnte, wurde sie bei Bombenangriffen stark beschädigt; von 40 000 Quadratmeter Gesamtfläche blieben nur

etwa 50 unversehrt. Der Wiederaufbau dauerte bis in die 1990er-Jahre. Einige Teile, so das Cuvilliés-Theater, wurden dabei neu gestaltet.

Einer der größten Renaissancesäle nördlich der Alpen ist das imposante Antiquarium, benannt nach der antiken Skulpturensammlung Herzog Albrechts V. Das Herzstück der Residenz ist aber die Schatzkammer. Hier werden Kunstwerke und königliche Insignien präsentiert, die Macht und Reichtum der Wittelsbacher veranschaulichen. Möglicherweise haben Sie aber mehr Interesse an Gruselgeschichten wie der der »schwarzen Frau«? Sie zeigt sich allerdings nicht jedem Besucher – bei einer speziellen Führung erfahren Sie mehr.

Mo–So

Ⓗ **S-Bahn** | **U-Bahn** Marienplatz | **U-Bahn** Odeonsplatz | **Tram** Nationaltheater
Residenzstraße 1, Eingang vom Max-Joseph-Platz, residenz-muenchen.de

Berg am Laim/Haidhausen

10 VON DER KARTOFFEL ZUR KULTUR

Als die Produktionsanlagen auf dem 90 000 Quadratmeter großen Gelände der Firma Pfanni am Ostbahnhof noch liefen, verarbeitete man hier drei Millionen Zentner Kartoffeln im Jahr. Durch Kälte wurde ihnen erst Flüssigkeit entzogen, um ein Pulver zu gewinnen, aus dem Hausfrauen und -männer unter Zugabe von Flüssigkeit einfach Knödel drehen und Kartoffelbrei anrühren konnten. Pfanni-Produkte haben in einer sich ändernden Arbeitswelt nicht nur bayerische Festtagsgerichte vor dem Aussterben bewahrt, sondern vielleicht auch so manche Ehe gerettet. Dennoch: 1993 wurde der Betrieb verkauft, und im Jahr 2000 übernahm Unilever dieses Convenience-Geschäft.

Aus dem Gelände wurde zunächst der Kunstpark Ost, dann die Kultfabrik. Partys, Konzerte und Flohmärkte fanden hier statt, Kreative fanden Ateliers, Studios und Ausstellungsflächen. Seit 2016 nennt sich das Areal nun Werksviertel und wird von der Familienstiftung der ehemaligen Pfanni-Besitzer verwaltet. Sie unterstützt nachhaltige, sozial-karitative und kulturelle Projekte und pflegt das Brauchtum.

Um zu verstehen, wie ein Gebäude zu einer nachhaltigen Zukunft beitragen kann, schließt man sich am besten einer 90-minütigen Führung an. Sie bringt Interessierte auch auf die Stadtalm, eine Almhütte auf einer Dachterrasse, auf deren Wiese Schafe grasen, alte Hühnerrassen stolzieren und in Hochbeeten Gemüse wächst. Es ist der Wille von Joh's Eckart, Besitzer dieses landwirtschaftlichen Betriebs, dass dieses Gelände nie fertig wird; dass es sich – wie das Leben – in ständigem Wandel befindet; und dass es urenkeltauglich ist.

Mo–So

Ⓗ **S-Bahn** Ostbahnhof
Atelierstraße 1, werksviertel.de, johseckart.de

WERK 12
AAHHH
OH
PUH

Altstadt/weitere Stadtviertel

11 HOP-ON-HOP-OFF

Mo–So

Ⓗ **S-Bahn | U-Bahn** Hauptbahnhof (Start)
citysightseeing-muenchen.de

Stadtrundfahrten in Bussen bieten viele Sehenswürdigkeiten auf bequeme Art. Die Doppeldeckerbusse von CitySightseeing München (Bild unten) fahren auf drei Routen durch die Stadt und halten an markierten Punkten. Von der oberen Ebene hat man nicht nur einen ungehinderten Blick auf die Sehenswürdigkeiten, sondern auch eine besonders schöne Perspektive. Die untere Ebene ist barrierefrei zu erreichen. Bei schönem Wetter empfiehlt sich eine Kopfbedeckung.

Altstadt/weitere Stadtviertel

12 MIT DEM FAHRRAD DURCH MÜNCHEN

Mo–So

Ⓗ **S-Bahn | U-Bahn** Hauptbahnhof (z. B. Treffpunkt Stadtvogel)
stadtvogel.de

Das Rad ist ein hervorragendes Fortbewegungsmittel, um den Radius einer Stadtbesichtigung zu vergrößern (Bild rechts). Je nach Anbieter dauern die Touren drei bis vier Stunden mit Preisen ab 34 Euro (Radverleih inklusive) und können zumeist von April bis Oktober und abhängig von der Witterung gebucht werden. Da sie bei Amerikanern sehr beliebt sind, sollten Sie – sofern nötig – vorab prüfen, ob es sich um eine Tour in deutscher Sprache handelt.

Altstadt/9 weitere Stadtviertel

13 EAT-THE-WORLD-TOUR

Di–Sa

Ⓗ **Haltestelle** nach Absprache
eat-the-world.com

Eat the World bietet in München eine einzigartige kulinarische Entdeckungstour durch die Stadt an. Dabei erkunden die Teilnehmer verschiedene Stadtviertel und genießen bis zu sechs Kostproben aus lokalen Restaurants, Cafés und Imbissen. Die Tour kombiniert Gastronomie mit spannenden Geschichten über Münchens Kultur und Historie, ist ideal für Feinschmecker und Entdecker – und kann in der Maxvorstadt sogar sonntags gebucht werden.

Isarvorstadt/Glockenbachviertel

14 FREDDIE-MERCURY-TOUR

nach Absprache

Ⓗ **U-Bahn** nach Absprache
mingatours.com

Freddie Mercury liebte München – endlich »kann ich unerkannt leben«, soll er einmal gesagt haben. Zwischen 1979 und 1985 spielte die Isarmetropole für den legendären Queen-Sänger eine wichtige Rolle. Die Themenwanderung »Freddie Mercury Tour« folgt seinen Spuren und führt mitten in die queere Szene der 1980er-Jahre: ins Glockenbachviertel.

Altstadt

15 RALLYE MIT KÖPFCHEN

siehe Webseite

Ⓗ **S-Bahn | U-Bahn** Marienplatz
stattreisen-muenchen.de

Bei der »Altstadt Rallye«-Tour ist Kreativität gefragt. In einer Kleingruppe von vier bis fünf Personen erarbeitet man Lösungen zu Aufgaben, die man am Start ausgehändigt bekommen hat. Dabei geht es nicht nur darum, schnelle Antworten auf Fragen zu finden, sondern beispielsweise auch einen Liedtext zu komponieren oder ein Logo zu entwerfen.

LODENFREY
LODENFREY

Altstadt

16 EXQUISITE HANDWERKSKUNST

Auch wenn man als nachhaltig denkender Kunde eher darauf verzichtet, Einkäufe in Tüten packen zu lassen – die von Lodenfrey scheinen den Kunden ein zufriedenes Lächeln ins Gesicht zu zaubern. Seit 1842 steht das Familienunternehmen in der Innenstadt für hochwertige Kleidung in klassisch-modernem Stil. Der internationale Durchbruch kam 1855 auf der Pariser Weltausstellung – der wasserabweisende Lodenstoff wurde dort mit der Goldmedaille ausgezeichnet.

Heute sind klassische Lodenstoffe im Straßenbild Münchens zwar nicht mehr so präsent wie früher, dennoch steht jedes einzelne Produkt von Lodenfrey für exquisiten Geschmack, Qualität und Handwerkskunst. Das Sortiment wurde auf modisch geschnittene, schicke Trachten, Anzüge und Jacken bis hin zu Hemden und Accessoires ausgeweitet. Der größte Teil des Angebots stammt aus den eigenen Werkstätten, sorgfältig erweitert um ausgewählte Produkte anderer renommierter Marken.

Nicht erst heute legt man hier großen Wert auf umweltfreundliche Materialien, faire Produktionsbedingungen und die Ausbildung von Mitarbeitern, die ihren Kunden in den stilvollen Räumlichkeiten des Stammhauses nicht nur helfen, sich zu kleiden, sondern exakt die Stücke zu finden, die zu ihnen passen – schließlich erzählt jedes Kleidungsstück auch eine Geschichte über seinen Träger, ist wesentlicher Teil seines individuellen Ausdrucks. Und wer Einkäufe von Lodenfrey nach Hause trägt, hat nicht nur ein weiteres persönliches Kleidungsstück gekauft, sondern ein Stück bayerische Tradition.

Mo–Sa

Ⓗ **S-Bahn | U-Bahn** Marienplatz
Maffeistraße 7, lodenfrey.com

Altstadt

17 TRADITION VERPFLICHTET

Charlotte ist weit über die Grenzen Münchens bekannt. Ist man Kunde bei Dallmayr, ist die Wahrscheinlichkeit groß, sie zu kennen, zu schätzen, vielleicht sogar zu lieben. Denn Charlotte ist fruchtig und cremig, ohne aufdringlich süß zu sein. 15 000-mal im Jahr geht das Cassis-Mandeltörtchen allerfeinster Güte über den Ladentisch und ist damit die beliebteste Patisserie im Sortiment.

So ist das bei Dallmayr mit vielen Produkten. Als die Besitzerin Therese Randlkofer – eine der wenigen Ladenbesitzerinnen Münchens ihrer Zeit – im Jahr 1909 die erste Banane im Sortiment hatte, staunte die Stadt. Und Dallmayr wurde in Windeseile zum besten Delikatessengeschäft Europas gekürt. Heute kommen jedes Jahr über drei Millio-

nen Besucher in den Laden an der Ostseite des Marienhofs. Dass 100 Köche und Patissiers in den oberen Stockwerken arbeiten und Experten täglich rund 400 Tassen Kaffee verkosten, um die richtigen Mischungen zu basteln, ahnt man in den Verkaufsräumen nicht.

Um nicht die Katze im Sack zu kaufen, kann man sich im Café-Bistro oder im Bar und Grill durch viele Köstlichkeiten probieren. 6480 Liter Champagner werden dort jedes Jahr in stilvollen Gläsern gereicht und 48 000 Austern geöffnet. Stammgäste schwören auf Pumpernickel und Chester als Begleitung. Und mit »Alois« gibt es auch ein Restaurant mit zwei Michelin-Sternen. Tradition, Qualität und ein Hauch von Luxus machen den Besuch bei Dallmayr Feinkost unvergesslich. Früher hat man Könige beliefert; heute ist der Kunde König.

Mo–Sa

Ⓗ **S-Bahn** | **U-Bahn** Marienplatz
Dienerstraße 14–15, dallmayr.com

Isarvorstadt/Glockenbachviertel

18 SCHATZTRUHE FÜR WÜNSCHE

Die Maxvorstadt hat die Türken- und Schellingstraße, der Gärtnerplatz die Reichenbachstraße – und nirgendwo außerhalb dieser Adressen findet man in München einen interessanteren Mix aus Cafés, Kneipen und kleinen, inhabergeführten Geschäften mit einem individuellen Angebot an Mode, Schmuck, Einrichtungsgegenständen, Geschenken, Büchern. »Will haben«, denkt sich hier wohl so mancher Bummler. Und bleibt vor der Auslage von »Haben will« stehen, einem Geschäft nahe der Fraunhoferstraße.

Unscheinbar von außen, tut sich für Liebhaber gebrauchter Klamotten und Accessoires eine wahre Schatztruhe aus Secondhand, Vintage und antiken Stücken auf, hat man den kleinen Laden erst einmal betreten. Das Vintage-Angebot, so der Inhaber, ist zwischen 25 und 100 Jahre alt, Secondhand jünger, Antikes älter. Für Vintage ist man bei »Haben will« auf jeden Fall richtig – egal, ob es sich um Hüte oder Schmuck handelt, um Jacke oder Hose. Alles ist gut in Schuss und garantiert von Qualität. Massenware wird erst gar nicht ins Sortiment aufgenommen. Sein umfangreiches Wissen hilft dem Besitzer, Grenzen zu setzen. Selbst Modedesigner, Kostümbildner und Ausstatter von Film, Theater oder Fernsehen nehmen dieses Wissen in Anspruch. Dreht etwa Guido Maria Kretschmer seine TV-Show »Shopping Queen« in München, kommt verlässlich eine der Kandidatinnen vorbei, um Teile zu finden, die ihr Outfit von dem der anderen abheben. Nur bei Schuhen wird es schwer, etwas zu finden – »die gehen nicht«, es sei denn, es handele sich um große Namen wie Christian Louboutin oder Prada. Trotzdem: Gehen Sie einfach mal hin zum Stöbern.

Mo–Sa

Ⓗ **U-Bahn** Fraunhoferstraße
Reichenbachstraße 36, haben-will-fraunhoferstr.mux.de

Maxvorstadt

19 NIA BAZAR

Mo–Sa

Ⓗ **U-Bahn** Universität
Ⓗ **Bus** Maxvorstadt/Sammlung Brandhorst
Türkenstraße 48
nia-bazar.de

Eine kleine, feine Boutique für Frauen. Nia Bazar hat eine stilvoll kuratierte Auswahl an Mode und Accessoires. Die Artikel stammen oft von kleinen, individuellen Marken, die Wert auf Qualität der Materialien und der Produktion sowie Design legen. Persönlicher Kundenservice wird hier großgeschrieben.

Isarvorstadt/Glockenbachviertel

20 KEKSLIEBE AM GÄRTNERPLATZ

Di–Sa

Ⓗ **U-Bahn** Fraunhoferstraße
Corneliusstraße 20
keksliebe.de

Mürbteig besteht aus Butter, Mehl, Zucker und Ei. Wenn er bei Keksliebe geknetet wird, werden allerdings noch einige feine Zutaten beigemischt, aber – wie es bei Familienrezepten so ist – nicht verraten. Ganz sicher ist eine ordentliche Prise Kreativität drin, die diese Kekse so schön macht, dass man sie lieber anschauen sollte, als sie zu essen (Bild unten).

Altstadt

21 HIMMLISCHES SAMA SAMA

Mo–Sa

Ⓗ **S-Bahn | U-Bahn** Marienplatz
Ⓗ **S-Bahn** Isartor
Westenriederstraße 21
sama-sama-pralinen.de

Das Wort *sama* stammt aus dem Arabischen und bedeutet »der

Himmel, der Erhabene«. Und das passt, weil der kleine Laden wie ein arabischer Basar wirkt, in dem man mit Schokoladen und Pralinen auf Tuchfühlung geht. Die selbst entwickelten, kunstvoll gefertigten Kreationen gibt es nirgends sonst. Schokoladen- und Pralinenfreunde fühlen sich wie im Himmel (Bild oben).

Altstadt/Lehel

22 EATALY IN DER SCHRANNENHALLE

Mo–So

Ⓗ S-Bahn | U-Bahn Marienplatz
Blumenstraße 4
eataly.net/de_de

Lust auf Italien? Dann ab in die Schrannenhalle: Seit Ende des Jahres 2015 stillt dort Eataly die Sehnsucht nach dem Dolce Vita, nach gutem Essen und mehr. Die kühne Eisenstruktur beherbergte hier nach seinem Umzug vom Marienplatz im frühen 19. Jahrhundert den Getreidemarkt. Als man später keine Verwendung mehr für sie hatte, wurde sie abgebaut und verstaut … und bei den Vorbereitungen für die Olympischen Spiele wiederentdeckt. Heute werden hier Brot, Focaccia, Pizza und Pasta hergestellt und verkauft. Im Bistro und im Restaurant kann man sich aber auch gleich bekochen lassen – *bon appetito!*

Dirndl-Mode

AFRIKA MEETS BAYERN

Rahmée Wetterich-Darouiche wurde 1965 in Kamerun geboren. Seit 1978 lebt sie in München, und seit Anfang der 2012er-Jahre vermarktet sie über die Marke Noh Nee Dirndl, die ihre Schwester Marie aus Stoffen mit afrikanischen Mustern entwirft und näht. Um noch nachhaltiger zu arbeiten, hat sie entschieden, auch die Stoffe in Afrika herstellen zu lassen, und neben Webereien eine Ausbildungsstätte für Schneiderinnen und Schneider aufgebaut.

Liebe Rahmée, du bist 1978 nach München gekommen. Eigentlich sollte es nur eine Zwischenstation für dich und deine Familie sein, nun seid ihr aber in München geblieben. Wie war es für euch, nach München zu kommen?
Damals gab es in München nicht sehr viele dunkelhäutige Menschen. Wir waren ziemliche Exoten. Dazu kam: Deutschland und seine Kultur waren sehr fremd. Es dauert, bis man die Kultur begreift, sie annimmt. Annehmen allerdings war für mich nie gleichbedeutend damit, meine Identität aufzugeben. Meine Identität, das bin ich, meine Persönlichkeit, meine Herkunft. Aber es braucht Zeit, sich mit einer neuen Kultur zu arrangieren.

Du konntest Deutsch?
Nein. Ich kam im Alter von 13 Jahren hier an, konnte Französisch, aber kein Wort Deutsch, und bin durch den qualifizierenden Abschluss gerauscht. Danach wurde mir bewusst, dass ich ohne einen Schulabschluss ein Problem haben würde. Und dass das Pendant zu einem Problem die Lösung ist. Die wiederum lautete, das Schicksal in die eigene Hand zu nehmen.

Das hört sich ganz einfach an.
[lacht] Nein, das war es nicht, es war schon ein Kampf. Aber ich konnte ihn immer besser definieren und aufnehmen. Ich war immer neu-

bauhaus

gierig, habe viel gefragt. Ich glaube, das hat den Menschen gefallen. Mir wurde in der Schule sehr viel geholfen. Im Jahr darauf habe ich den Quali geschafft, im Anschluss Dolmetscherin studiert und in einer Werbeagentur gelernt.

Mit deiner Firma Noh Nee entwerft ihr bayerische Dirndl, die aus Stoffen mit afrikanischen Mustern bestehen. Was sagst du zu jemandem, der behauptet, das sei kulturelle Aneignung?
Das Dirndl gibt es erst seit den 1870er-Jahren. Städter, Sommerfrischler ließen sich von Landfrauen inspirieren. Es war und ist Mode. Mit Tracht hatte das Dirndl nie etwas zu tun. Es war über Schnitte und hochwertige Stoffe definiert, nicht über Muster und Farben. Was in den letzten 20 Jahren manchmal auf dem Oktoberfest getragen wird, ist doch vom Dirndl, wie es früher einmal getragen wurde, weit entfernt. 2017 haben wir vom Kulturreferat der Stadt München den Innovationspreis Volkskultur überreicht bekommen. Ist es nicht auch kul-

turelle Aneignung, wenn afrikanische Rhythmen in westliche Popmusik einfließen? Doch statt Trennlinien zu ziehen – sollten wir uns lieber Gedanken darüber machen, Ideen aus verschiedenen Kulturen auf Augenhöhe zusammenzubringen. Könnten wir dann auf diesem Planeten nicht viel mehr bewegen?

Würdest du wieder von deinem Zuhause weggehen?
Damals war es nicht meine Entscheidung. Mein Vater wollte uns eine bessere Zukunft geben. Ich bin aber froh, dass ich in Deutschland eine Heimat gefunden und heute die Möglichkeit habe, Afrika, meine Herkunft, miteinzubeziehen.

Wo ist heute dein Zuhause?
Hier und dort – vor allem bei Wolfgang, meinem Mann, meiner Familie und meinen Freunden. Es war mir immer wichtig, in einem Gefühl von Gemeinschaft zu leben, Menschen zu verbinden. Das ist Teil meiner Identität. Das wird es immer sein. Zusammen, miteinander können wir so viel schaffen. Darauf kommt es an. Materiell immer mehr anzuhäufen, das allein kann es nicht sein. Vielleicht ist das ja auch der Grund, warum bei vielen Menschen die Angst dominiert. Sie haben zu viel zu verlieren.

Wo ist Rahmée Wetterich-Darouiche in zehn Jahren?
Schwer zu sagen. Natürlich muss man Ideen spüren, Möglichkeiten sehen und wahrnehmen und all das zu Plänen machen, die dann auch in die Realität wollen. Andererseits darf man nicht an seinen Plänen hängen und muss offenbleiben – die Realität ändert sich schneller denn je. Man wird sie nicht grundlegend ändern. Und sich selbst zu stark zu verbiegen, kann ja auch bedeuten, nicht mehr bei seiner eigenen Identität zu bleiben.

Di–Fr

Ⓗ U-Bahn Josephsplatz
Görresstraße 16, nohnee.com

Maxvorstadt

23 VIER AUF EINEN STREICH

Seit 2002 beherbergt die von Stefan Braunfels entworfene Pinakothek der Moderne im Kunstareal vier einzigartige Museen unter einem Dach. Die 25 Meter hohe Glaskuppel im Zentrum des Hauses empfängt Besuchende mit Licht und Weite. Über 12 000 Quadratmeter Ausstellungsfläche eröffnen eine faszinierende Reise durch Kunst, Grafik, Architektur und Design des 20. und 21. Jahrhunderts.

Die »Sammlung Moderne Kunst« präsentiert Meisterwerke ab 1900 und ist damit die kunstgeschichtliche Fortsetzung der Schwestersammlungen in der Neuen Pinakothek. Höhepunkte sind Werke von Ernst-Ludwig Kirchner, Franz Marc und Paul Klee. In der Staatlichen Graphischen Sammlung können beeindruckende Zeichnungen und

Druckgrafiken entdeckt werden. Das Architekturmuseum der Technischen Universität München lädt dazu ein, gebaute Visionen zu erkunden, während »Die Neue Sammlung – The Design Museum« die Schönheit von Industriedesign und exquisitem Schmuck in den Fokus rückt. Ein besonderes Highlight ist die Stiftung Ann und Jürgen Wilde, eine Sammlung von Fotografien mit Meisterwerken von Bernd und Hilla Becher sowie Albert Renger-Patzsch.

Auf der Grünfläche vor dem Museum lädt das Futuro House des finnischen Architekten Matti Suuronen zu einem Besuch. Das 25 Quadratmeter große Raumschiff – oder Ei – ist ein Wohnungsmodell aus den 1960er-Jahren und Teil des Skulpturenparks, der sich auch über die Grünflächen der anderen Pinakotheken erstreckt.

Di–So

Ⓗ **U-Bahn** Königsplatz | **Bus** | **Tram** Pinakotheken
Barerstraße 40, pinakothek-der-moderne.de

Ludwigsvorstadt/Isarvorstadt

24 SCHATZKAMMER DER WISSENSCHAFT UND TECHNIK

Mehr als hundert Jahre nach seiner Eröffnung hat das Deutsche Museum nichts an Faszination verloren. Die Idee, ein Museum zu schaffen, das nicht nur Forscher und Tüftler begeistert, sondern auch Otto Normalverbraucher neugierig macht, zum Staunen bringt und zum (Weiter-)Fragen anregt, hatte Oskar von Miller bereits im Jahr 1903. Lange Zeit gab es nur eine provisorische Ausstellung, dann verzögerte die Inflation den ohnehin aufwendigen Bau. 1500 Pfähle mussten in die Museumsinsel getrieben werden, damit der erste Stahlbetonbau Deutschlands auf sicherem Fundament stehen konnte. 1925 war es dann aber so weit – der Star war geboren.

Heute zieht der mächtige Bau an der Isar mit einer Ausstellungsfläche von 66 000 Quadratmetern (das sind mehr als zehn Fußballfelder) jährlich rund 1,5 Millionen Besucher an. Über 120 000 Ausstellungsstücke können begutachtet, beäugt und manchmal sogar untersucht werden. Sie waren in Ihrer Schulzeit das letzte Mal dort und haben den Einschlag eines 300 000 Volt starken Blitzes gehört? Damals steckte die Raumfahrt noch in den Kinderschuhen! Gehen Sie unbedingt wieder hin – in den letzten Jahren wurden viele Ausstellungsbereiche in die Neuzeit gehoben.

Bis 2028 dauern die Aktualisierungen zwar noch an, doch schon jetzt gibt es faszinierende moderne Dauerausstellungen zu Themen wie Robotik, Chemie, Atomphysik, Gesundheit und Lebensmittelproduktion – Gebiete, die wohl bald schon wieder überarbeitet werden müssen.

Mo–So

Ⓗ **S-Bahn** Isartor
Museumsinsel 1, deutsches-museum.de

Maxvorstadt

25 TRAUMVILLA UND KUNSTPARADIES

Wer das Lenbachhaus betritt, lernt eine Welt kennen, in der Kunst und Geschichte in einem faszinierenden Tanz verschmelzen! Franz von Lenbach, ein »Malerfürst« des 19. Jahrhunderts (dessen Porträts der Mächtigen seiner Zeit auch »fürstliche« Erträge abwarfen), schuf hier seine toskanische Traumvilla – ein Stück Italien mitten in München. Von Weitem wundert man sich über den golden in der Sonne glitzernden Kubus. Der Anbau wurde von Sir Norman Foster entworfen und schmiegt sich an die historische Villa. Alt trifft Neu, Tradition umarmt Innovation – ein architektonischer Pas de deux!

Im Herzen des Museums schlägt der »Blaue Reiter« – eine Künstlergruppe, die die Kunstwelt auf den Kopf stellte: Wassily Kandinsky, Franz Marc, Gabriele Münter und ihre Gefährten ritten auf einer Welle der Farben und Formen in die Moderne. Die Gruppe, entstanden aus einer Ausstellung 1911, revolutionierte nicht nur die Kunstszene Münchens, sondern wirkte auch darüber hinaus. Ihre expressiven Werke schrien förmlich nach Aufmerksamkeit und bekamen sie auch – wenngleich nicht immer positiv.

Nicht vergessen sollte man den zum Lenbachhaus gehörenden Kunstbau – ein Ausstellungssareal, das sich unter dem Königsplatz versteckt. Hier trifft zeitgenössische Kunst auf U-Bahn-Atmosphäre.

Das Lenbachhaus ist ein Ort, der ständig neue Fragen aufwirft, (Kunst-)Gespräche anbietet und Antworten in Bildern sucht. Für eine Welt, die in allen Farben schillert.

Di–So

Ⓗ **U-Bahn** | **Bus** Königsplatz
Luisenstraße 33, lenbachaus.de

Lehel

26 BAYERISCHES NATIONALMUSEUM

Di–So

Ⓗ **U-Bahn** Lehel
Ⓗ **Bus** Nationalmuseum/
Haus der Kunst
Prinzregentenstraße 3
bayerisches-nationalmuseum.de

»Anstalt zur Aufbewahrung der interessantesten vaterländischen Denkmäler und sonstigen Überreste vergangener Zeiten« – so lautete der Name in der Gründungsurkunde des Jahres 1855 von Maximilian II. Den Einzug des Museums, das als Gegenstück zum 1852 gegründeten Germanischen Museum in Nürnberg gedacht war, in Gabriel von Seidls Bau hat der König nicht mehr erlebt. Es präsentiert kunst- und kulturhistorische Sammlungen vom Mittelalter bis zum 20. Jahrhundert. Highlights sind Skulpturen, Gemälde und Kunsthandwerk sowie die weltberühmte Krippensammlung. Und: Die Sammlung Bollert gleich nebenan (und mit derselben Eintrittskarte zu besuchen) ist die wichtigste Sammlung mittelalterlicher Skulpturen in Deutschland.

Maxvorstadt

27 ZEITREISE DURCH DIE GLYPTOTHEK

Di–So

Ⓗ **U-Bahn | Bus** Königsplatz
Königsplatz 3
antike-am-koenigsplatz-mwn.de

Das einzige Museum weltweit, das sich ganz und gar den steinernen Schönheiten der Antike verschrieben hat! Von griechischen Göttern über römische Kaiser bis zu antiken Lustobjekten – sie alle geben sich hier ein Stelldichein. Der »Barberinische Faun«, entstanden 220 v. Chr., ist ein Meisterwerk der Kunstgeschichte (Bild S. 53). Ein Besuch in der Glyptothek ist wie eine wundersame

Zeitreise – nur ohne Jetlag und mit weitaus bequemeren Sitzgelegenheiten im Café im Innenhof.

Maxvorstadt

28 ALTE PINAKOTHEK

Di–So

U-Bahn Theresienstraße
Bus Pinakothek
Barerstraße 27
pinakothek.de

Alfred Dürer, Lucas Cranach, Filippo Lippi oder Peter Paul Rubens' »Höllensturz der Verdammten« – sie alle und noch viele mehr sind in der Alten Pinakothek versammelt (Bild S. 52). Werke, die ab Mitte des 18. Jahrhunderts entstanden sind, findet man hingegen in der Neuen Pinakothek. Weil Letztere aber bis voraussichtlich 2029 renoviert wird, sind momentan einige ihrer wichtigsten Gemälde in der Alten Pinakothek ausgestellt.

Maxvorstadt

29 STAATLICHES MUSEUM ÄGYPTISCHER KUNST

Di–So

U-Bahn Königsplatz
Bus Pinakothek
Gabelsbergerstraße 35
smaek.de

Das Staatliche Museum Ägyptischer Kunst konzentriert sich auf altägyptische Kunst. Auf 1800 Quadratmetern eröffnet es Einblicke in 5000 Jahre ägyptischer Geschichte und Kultur. Die unterirdischen Ausstellungsräume erinnern an Tempelräume und Königsgräber. Besondere Highlights sind der große Obelisk, die vielfältigen Skulpturen und die interaktiven Stationen, die alles zu erklären versuchen.

Allianz Arena

EINMAL LÖWE – IMMER LÖWE

Obergiesing/Schwabing

30 BAYERN- ODER 60ER-FAN?

Sie sind so unterschiedlich wie Weißwurst und Dampfnudel – und doch gehören sie zu München wie die Welschen Hauben zur Frauenkirche: der TSV 1860 und der FC Bayern. Der TSV 1860, kurz »60er« und liebevoll »die Löwen« genannt, erblickte – wenig überraschend – 1860 das Licht der Welt, damals noch als Turnverein der 148 000-Einwohnerstadt. Der FC Bayern ließ sich bis 1900 Zeit – da riss München gerade die Halbe-Million-Einwohnermarke. In diesem Altersunterschied liegt wohl auch ein wichtiger Punkt der Rivalität mancher Fans: Die Löwen, oft kommen sie aus der Arbeiterklasse, sehen sich als die »wahren Münchner«. Sie schätzen die Bodenständigkeit ihres Vereins.

Überzeugte Fußballfans sind bekannt für die leidenschaftliche Unterstützung ihres Vereins – Löwenfans müssen in ihrer Loyalität aber sehr leidensfähig sein. Zu ihrem 106. Geburtstag haben sie das einzige Mal die deutsche Meisterschaft geholt. Der FCB dagegen ist das deutsche Paradebeispiel des globalisierten, kommerzialisierten Fußballs. Verlieren sie mehrere Spiele hintereinander, muss meist der Trainer gehen. Der Verein gilt vielen als überheblich – aber eben auch vom Erfolg verwöhnt. Seit Gründung der Bundesliga in der Saison 1963/64 hat er 33 deutsche Meisterschaften gewonnen, so viele wie kein anderer Verein. International gesehen ist der FCB zwar der beste Verein Deutschlands, in der Anzahl gewonnener Titel steht er aber nur im Mittelfeld. Das letzte Derby zwischen den beiden Vereinen fand übrigens 2008 im Rahmen des DFB-Pokals statt.

siehe Spielplan

Ⓗ **U-Bahn** Wettersteinplatz (TSV 1860: Grünwalder Stadion)
Ⓗ **U-Bahn** Fröttmaning (FC Bayern: Allianz Arena)
Grünwalder Straße 2–4, tsv1860.de
Werner-Heisenberg-Allee 25, fcbayern.com, allianzarena.com

Maxvorstadt

31 NS-DOKUMENTATIONSZENTRUM

Di–So

U-Bahn Königsplatz
Max-Mannheimer-Platz 1
nsdoku.de

Das NS-Dokumentationszentrum (unten) fördert die Auseinandersetzung mit der Geschichte des Nationalsozialismus. Es befindet sich an der Stelle des ehemaligen »Braunen Hauses«, der Parteizentrale der NSDAP, und verweist damit auf die besondere Rolle Münchens als »Hauptstadt der Bewegung« während des Aufstiegs des Nationalsozialismus. Neben einer Dauerausstellung, die zentrale Themen wie den Ursprung und Aufstieg der NS-Bewegung sowie die gesellschaftlichen Auswirkungen während und nach der Diktatur behandelt, finden regelmäßig Veranstaltungen, Workshops und temporäre Ausstellungen statt, die aktuelle gesellschaftliche Themen mit der NS-Vergangenheit verknüpfen. Derzeit (Stand 12/2024) wird das Museum umgebaut, die Wiedereröffnung ist für Anfang Mai 2025 geplant.

Altstadt

32 KUNSTHALLE MÜNCHEN

Mo–So

S-Bahn | U-Bahn Marienplatz
Theatinerstraße 8
kunsthalle-muc.de

Ausstellungen in der Kunsthalle zeichnen sich durchweg durch ihre hohe künstlerische Qualität aus und bieten sowohl monografische als auch thematische Projekte der Malerei, Fotografie, des Designs und der Mode. Dass die Kunsthalle keine eigene Sammlung besitzt, gibt ihr die Freiheit, vielfältige und innovative Themen zu erkunden. Sie ist in den Fünf Höfen untergebracht, einem architektonisch beeindruckenden Komplex, der vom Schweizer Architektenbüro Herzog & de Meuron entworfen wurde.

Lehel

33 HAUS DER KUNST

Mo Mi–So

Ⓗ **U-Bahn** Lehel
Ⓗ **Bus** Königstraße
Prinzregentenstraße 1
hausderkunst.de

Das »Haus der Deutschen Kunst« wurde nach Plänen von Paul Ludwig Troost errichtet – er galt als Hitlers bevorzugter Architekt. Die Eröffnung war 1937. Ursprünglich diente es als Plattform für die NS-Kunstpolitik, die moderne Kunst als »entartet« brandmarkte und ausschloss. Nach dem Zweiten Weltkrieg wandelte es sich allerdings um 180 Grad. Diese Transformation hat dem Haus der Kunst ein positives Image verliehen und es zu einem international anerkannten Ort für moderne Kunst gemacht. Die Frage, ob das Haus aufgrund seiner belasteten Geschichte abgerissen werden sollte, wird immer wieder aufgeworfen. Die eine Seite argumentiert, dass die architektonische Verbindung zur

nationalsozialistischen Vergangenheit eine losgelöste Auseinandersetzung mit der Geschichte notwendig mache. Befürworter des Erhalts wiederum betonen, dass das Haus heute ein Ort des Dialogs und der Reflexion sei.

Altstadt

34 MUCA

Mo–So

Ⓗ **S-Bahn | U-Bahn** Marienplatz
Hotterstraße 12
muca.eu

Hinter dem Akronym MUCA verbirgt sich ein Ausstellungsraum, der ehemals ein Umspannungswerk der Stadt war – und damit quasi ein klassisches Ziel nächtlicher Sprayaktionen. Die Sammler Stephanie und Christian Utz haben es gegründet. Ziel der Einrichtung war und ist es, Vorurteile gegenüber urbaner Kunst abzubauen. Yo, check it out!

Altstadt

35 DAS ETWAS ANDERE »MUSÄUM«

Valentin Ludwig Fay aka Karl Valentin hat 1882 bis 1948 gelebt und als Filmemacher, Komiker, Schriftsteller und Volkssänger zusammen mit seiner Bühnenpartnerin Lisl Karlstadt die Widersprüche seiner Zeit aufgezeigt. Auch vor Nationalsozialisten nahm er kein Blatt vor den Mund. Auf der Bühne nannte er sich in Anspielung auf seine lange, hagere Gestalt »Skelettgigerl«. Ab 1908 wurden seine Auftritte Stadtgespräch, und als ab 1915 Lisl Karlstadt bei der Bühnenshow »Tingeltangel« mit auf der Bühne stand, waren seine Nachtshows chronisch ausverkauft. Er nutzte erstmals Lichtbilder, die Text und Bild kombinierten und somit neue Akzente setzten. Ihre Programme wurden auch in Wien, Berlin und Zürich gefeiert.

In der Ausstellung des Karl Valentin Musäums begegnet man so manchen skurrilen Exponaten wie dem Winter-Zahnstocher oder der geschmolzenen Schneeplastik. Diese und viele weitere Objekte verdichten sich zum zeitlosen Spiegelbild seiner Philosophie: »Das Absurde ist das Normale!« Sein »Panoptikum«, eine Mischung aus Wachsfiguren-, Kuriositäten- und Gruselkabinett, wurde 1934 eröffnet, musste aber 1935 mangels Erfolg wieder schließen – Valentins Humor (»Lachen ist die beste Medizin, auch wenn sie manchmal bitter schmeckt!«) erreichte die Bevölkerung damals nicht. Karl Valentin starb verarmt und unterernährt in seinem Haus in Planegg. Einige Objekte des Panoptikums, beispielsweise der liegende Stehkragen, sind in seinem Museum (das wegen Umbaus voraussichtlich bis Frühjahr 2026 geschlossen ist) ausgestellt.

Mo–Di Do–So

Ⓗ **S-Bahn** Isartor
Tal 50 (Zugang vom Zwischengeschoss der S-Bahn),
valentin-karlstadt-musaeum.de

Lehel

36 DIE PERFEKTE WELLE

In den 1980er-Jahren wurden Eisbachsurfer noch von der berittenen Polizei aufgefordert, aus dem Wasser zu kommen, um die Personalien aufnehmen zu lassen. »Wir haben uns dann ins Wasser fallen und abtreiben lassen«, erzählte einer von ihnen, »schließlich hat die Polizei keine Flusspferde.« Grund dieser polizeilichen Fürsorge war nicht das Verbot, die perfekte Welle zu reiten, sondern das Risiko eines Unfalls. Doch ein engagierter Verein, die IGSM (Interessensgemeinschaft Surfen in München), kämpfte dafür, das Surfen zu legalisieren. Und so wurden die Eisbachsurfer zu einem der Embleme für *easy living* in München, die von einer großen Zahl Zuschauer gefeiert, bewundert, manchmal sogar beneidet werden. Die Eisbachwelle selbst ist eine sogenannte stehende Welle, die durch eine Steinstufe im Bach erzeugt wird. Sie ist die größte und konstanteste Flusswelle der Welt und deshalb auch ein Magnet für Surfer beinahe aus aller Welt.

Und ja, es gibt sogar Meisterschaften! Jährlich finden Wettbewerbe wie die »European Championship of Stationary Wave Riding« statt, bei denen die besten Surfer ihr Können zeigen. Wenn Sie also noch bei den Planungen Ihres Besuches sind und Surferfahrung haben, bringen Sie Ihr Surfbrett mit. Reine Neugierde reicht aber auch. Denn allein schon »das Leben ist wie ein Surfbrett – manchmal muss man eben ins kalte Wasser springen«. Sollten Sie das am Eisbach doch umsetzen wollen, ist allerdings Vorsicht geboten (das gilt übrigens für viele der Bäche im Park): Auch das Baden und Sich-abtreiben-Lassen ist aufgrund der starken Strömung eine Gefahr für Leib und Leben.

Mo–So

Ⓗ **U-Bahn** Lehel | **Bus** Königinstraße
Prinzregentenstraße, muenchen.de/freizeit/sport/surfen

Milbertshofen/Am Hart

37 WILLKOMMEN IN DER ZUKUNFT!

Markante Skywalks verbinden Ausstellungen, lange Rolltreppen führen Besucher durch verschiedene Ebenen, die betonierte Vision der Architekten des Büros Coop Himmelb(l)au verleiht Besuchern das Gefühl von Dynamik und Bewegung: Das BMW Museum, Teil der BMW Welt, bietet ein faszinierendes Erlebnis für Auto- und Technikbegeisterte. Auf insgesamt 5000 Quadratmetern sind mehr als 125 Exponate ausgestellt – eine Zeitreise durch die spannende Geschichte der Marke BMW.

Das Filmauto, das Pierce Brosnan im James-Bond-Film »Der Morgen stirbt nie« fuhr, ist nur eines der Highlights. Für den Blick in die Zukunft sind extravagant wirkende Studien aus den letzten Jahren zu sehen und aktuelle Prognosen darüber, wie wir uns vielleicht schon bald mobil durch Stadt und Land bewegen werden.

Zur Einstimmung für Ihren Besuch – oder wenn Sie Ihr Wissen über die bekannte Automarke testen wollen – hier noch zwei Fragen. Erstens: Was wird im Emblem der Marke BMW dargestellt? **a)** Der sich bewegende Propeller eines Flugzeugmotors. **b)** Die Farben der bayerischen Flagge. **c)** Die konkrete bayerische Flagge. Zweitens: Ein Modell von BMW wurde 1955 bis 1962 gebaut und wurde gerne »Knutschkugel« genannt. Wodurch hob es sich von anderen Fahrzeugen des Autoherstellers ab? **a)** Die Kabine öffnete sich nach vorne. **b)** In Großbritannien wurde eine Dreiradvariante angeboten. **c)** Es verbrauchte nur 3,5 Liter pro 10 Kilometern. (Die Lösungen finden Sie links unten.)

Mo–So

Ⓗ **U-Bahn | Bus** Olympiazentrum
Am Olympiapark 2, bmw-welt.com

(1. b, 2. a, b und c)

Altstadt

38 EINEN WOLPERTINGER KENNENLERNEN

Mo–So

S-Bahn | U-Bahn Marienplatz
Neuhauser Straße 2
jagd-fischerei-museum.de

Die Wolpertinger-Sammlung im Jagd- und Fischereimuseum ist ein Ort, an dem das Absurde auf das Alltägliche trifft – also ganz im Sinne der bayerischen Lebensart! Zudem ist das gesamte Museum mit seinen interaktiven Stationen und über 1000 präparierten Tieren eine spannende Attraktion für Familien und Naturkunde-Interessierte.

Milbertshofen/Am Hart

39 AUF DEM STADIONDACH SPAZIEREN

Mo–So

U-Bahn Olympiapark
Olympiastadion, Besuchereingang Kasse Nord (Treffpunkt)
olympiapark.de

Bilder vom Olympiastadion kennt fast jeder. Um es hingegen aus nächster Nähe zu sehen, bietet sich eine Tour auf das Dach dieses spektakulären Baus an: Es fühlt sich an, als würde man auf den Rückenpanzer eines riesenhaften Schuppentieres klettern. Schwindelfrei sollte man allerdings sein, um die etwa zweistündige Tour genießen zu können, die einen auf 80 Meter Höhe hinaufführt. Das Olympiastadion entstand als Teil der gesamten Anlage für die Olympischen Spiele im Jahr 1972. Günter Behnisch hatte die Zeltdachkonstruktion auf Basis einer Idee von Frei Otto entworfen. Insgesamt ist das Dach 74 800 Quadratmeter groß. Es wird von 58 Stahlmasten und -trägern gestützt und mithilfe eines Netzes aus Stahlkabeln und -trägern gehalten. Es zählt zu den wichtigs-

ten Bauten deutscher Nachkriegsarchitektur.

Altstadt

40 HOFBRÄUHAUS MÜNCHEN

Mo–So

Ⓗ **S-Bahn | U-Bahn** Marienplatz
Platzl 9
hofbraeuhaus.de

Bayerisches Bier ist ein Exportschlager – allein die Hofbrauerei exportiert das Getränk in 40 Länder. Demnächst dürfen sich weltweit weitere 37 Gaststätten nach dem vielbesungenen Münchner Bierpalast nennen. Einige sehen dem Münchner Gebäude sogar verblüffend ähnlich, doch: Das Original ist unübertroffen. Die Bierhalle Schwemme (oben) und den kleinen Garten im Innenhof kann man individuell besuchen (und genießen), für andere Teile schließt man sich einer Führung an.

Altstadt

41 FRAUENKIRCHE

Mo–So

Ⓗ **S-Bahn | U-Bahn** Marienplatz
Frauenplatz 1
muenchner-dom.de

Sage und schreibe 140 Flöße à neun Baumstämme wurden isarabwärts gedriftet, um den Dachstuhl zu errichten – also mindestens 1260 Bäume insgesamt. Es muss ein feierliches Bild gewesen sein, als er fertig war; ein Kraftakt war es auf jeden Fall. Beinahe wäre das Geld nicht zusammengekommen, um den »Dom zu unserer lieben Frau« fertigzustellen. Der Klerus musste sich an den Vatikan wenden. Pabst Sixtus IV. gewährte Gläubigen, die nach München kamen und kräftig spendeten, vollkommenen Ablass. 123 700 Pilger machten sich daraufhin von ihren Vergehen frei – und von insgesamt 15 000 Gulden. 1466 begonnen, konnte der Bau 1488 bis auf die Turmabschlüsse fertiggestellt werden. Erst 30 Jahre später wurden den Türmen die Welschen Hauben aufgesetzt – ihr Höhenunterschied beträgt nicht, wie oft behauptet wird, einen Meter, sondern nur zwölf Zentimeter (Bild S. 64).

Sendling

42 GRÜNE STADTOASE

Der Westpark wurde 1983 für die Internationale Gartenausstellung angelegt. Mit 60 Quadratkilometern bietet er ausreichend Platz zum Spazierengehen, »Biergarteln«, Joggen, Blumenschauen oder zum »Zenen«. Zenen? Ja, genau genommen zum Zen-Meditieren, aber es geht eben auch mit weniger Worten. Dafür wendet man sich Richtung Ostasien-Ensemble, ein kleines Areal mit japanischem und chinesischem Garten, einem thailändischen offenen Pavillon (Sala) samt Buddhastatue und einer nepalesischen Pagode. Die architektonische und kostenlose Rundreise durch Ostasien kann man in zehn Minuten abhaken – oder aber mit entsprechenden Zen-Übungen auf Stunden ausdehnen.

Außer dem chinesischen Garten (er ist im Winter und nachts geschlossen) ist dieses Ensemble ganzjährig frei zugänglich. Zwar sollten die Tempel nach der Gartenausstellung eigentlich abgebaut werden, doch dieser Plan wurde ohne die Bevölkerung geschmiedet. Die wehrte sich und setzte den Erhalt durch.

Im Sommer werden auf der Seebühne im Programmkino »Mond und Sterne« unter freiem Himmel Filme gezeigt (Tickets unbedingt vorbestellen!). Von dort ist es nur ein kurzer Spaziergang zum Biergarten am Rosengarten. Und wer sich eine längere Auszeit gönnen möchte, kann auch noch den östlichen Teil des Westparks erkunden. Dort befinden sich ebenfalls Biotope, ein griechischer und ein mediterraner Garten, weitere Häuser, ein Biergarten und das Seecáfe.

Mo–So

Ⓗ **S-Bahn** Heimeranplatz
Ⓗ **U-Bahn** Westpark (Westseite) oder Holzapfelkreuth (Ostseite)
muenchen.de/sehenswuerdigkeiten/westpark

Nymphenburg

43 WELTREISE EN MINIATURE

Der Botanische Garten schließt im Norden an den Schlosspark Nymphenburg an und bietet seit 1914 Vielfalt auf nur 21,20 Hektar Fläche. Zu sehen sind rund 16 240 verschiedene Pflanzenarten, gut vier Prozent aller geschätzten Arten der Erde. Kein Erdteil bleibt unbeleuchtet. Ein Spaziergang durch Freiland-Vegetationszonen oder die Gewächshäuser wird hier zu einer botanischen Weltreise en miniature.

Apropos: Der Hortus Conclusus ist ein kleiner Garten innerhalb des Botanischen Gartens, der auf der »Chelsea Flower Show« in London eine Goldmedaille gewann und 2003 in München originalgetreu nachgebaut wurde. Einen besonderen Einblick in die alpine Pflanzenwelt – weit über Enzian, Edelweiß und Almrausch hinaus – bietet das Alpinum, eine der artenreichsten Anlagen Deutschlands, und das, ohne in die Berge fahren zu müssen.

Die Kombination aus historischer Gartenarchitektur, moderner botanischer Forschung und einzigartigen Anlagen macht den Botanischen Garten in München zu einem besonderen Erlebnis, das Sie so woanders nicht finden werden. Über das Jahr hinweg finden Sonderausstellungen statt. Besonders schön – wenn auch kaum ins wirkliche Leben übertragbar – ist die jährliche Ausstellung tropischer Schmetterlinge, wobei der Begriff »Ausstellung« ein wenig irreführend ist, weil die Insekten als Puppen von Schmetterlingsfarmen in Costa Rica und Malaysia bezogen werden. Hier schlüpfen sie aus und können sich im Gewächshaus frei bewegen.

Mo–So

Ⓗ **Bus** Botanischer Garten oder Maria-Ward-Straße (barrierefrei, anschließend 450 m zu Fuß) | Ⓗ **Tram** Botanischer Garten
Menzinger Straße 65, botmuc.snsb.de

Thalkirchen/Isarvorstadt/Untergiesing/Au/Lehel

44 LEBENSADER DER STADT

Eine Radtour an der Isar kann an der Donau enden – oder an der österreichischen Grenze hinter Mittenwald. Hat man den Weg dorthin hinter sich, fehlt im Isarbiathlon nur noch der Lauf von Mittenwald zur Quelle, und schon hat man den Fluss, der München durchquert, von oben bis unten inspiziert. Wer an der Isar zudem Hoch- und Niedrigwasser erlebt samt den sich dabei ändernden Wasserfarben von postkartentürkis bis amazonasbraun, hat wohl auch die meisten Gemüter des Gebirgsflusses kennengelernt.

Der Isar hat München seine Existenz zu verdanken – eigentlich einer Brücke über die Isar, die Heinrich der Löwe als Übergang der Salzstraße bauen ließ und nahe dem Übergang einen Markt gründete, für den er 1158 durch Kaiser Friedrich Barbarossa das Münz- und Zollrecht erhielt. Lange Zeit konnte der Alpenfluss sein Temperament ausleben – bis man ihn mithilfe des Sylvensteinspeichersees und eines Betonkorsetts regulierte. Glücklicherweise haben die Münchner erkannt, dass die Isar es verdient hatte, wieder wild zu sein. Die Stadt erhielt für deren Renaturierung Mittel von der EU, und die Isar bekam ihr natürliches Bett zurück.

Heute bietet sie ein Paradies für Stadtmenschen, die nach Erholung suchen. An den Kiesbänken, Stufenanlagen oder auf den Wiesen kann man herrlich sonnenbaden, picknicken, Fußball spielen oder einfach nur die Seele baumeln lassen. Besonders schön ist es an den Kiesbänken bei der Praterinsel und am Flaucher, wo sich auch viele »Nackerte« wohlfühlen.

Mo–So

Ⓗ **U-Bahn** Thalkirchen (Flaucher) | **Bus** Maxmonument (Praterinsel)
muenchen.de/freizeit/diverse-orte/isar

Milbertshofen/Am Hart

45 RUDERN AM OLYMPIASEE

Mo–So

Ⓗ **U-Bahn** Olympiapark
Spiridon-Louis-Ring 7
olympiapark.de

Möchten Sie einmal im Leben ein Schwan sein? Am Olympiasee ist das bei gutem Wetter möglich. Mitten im Olympiapark kann man zwischen quakenden Enten und schnatternden Gänsen nicht nur Tret- und Ruderboot fahren, sondern auch in exklusiven Schwanentretbooten schippern und auf diese Weise ganz nebenbei den Olympiapark aus einer ganz anderen Perspektive erleben. Wer möchte, kann sich aber auch SUPs oder Kajaks ausleihen.

Thalkirchen

46 NATURBAD MARIA EINSIEDEL

Mo–So

Ⓗ **U-Bahn** Thalkirchen
Ⓗ **Bus** Maria-Einsiedel-Straße
Zentralländstraße 28
swm.de

Unweit von Isar und dem Tierpark Hellabrunn befindet sich das Naturbad Maria Einsiedel. Dass man hier schwimmen kann, ist grundsätzlich nichts Besonderes – doch das fehlende Chlor macht dieses sportliche Vergnügen hier zum einmaligen Erlebnis. Es ist im wahrsten Sinne des Wortes ein »Naturbad«, das mit Mikroorganismen und Kiesfiltern gereinigt wird. Außerdem fließt der Isarkanal durch das Bad und bietet Besuchern die Möglichkeit, sich darin ein Stück treiben zu lassen – wie auf einer kostenlosen Wildwasserbahn, nur mit viel weniger Gekreische. Für alle, die sich gerne von ihrer besten Seite zeigen, gibt es zwei abgetrennte FKK-Bereiche – einen gemischten und einen, der Frauen vorbehalten ist.

Untergiesing/Au

47 BAUMSCHULE BISCHWEILER

Mo–So

Ⓗ **U-Bahn** Kolumbusplatz
Sachsenstraße 8
stadt.muenchen.de/infos/baumschule-bischweiler.html

Die ehemalige Baumschule Bischweiler, 1901 gegründet, um das Baureferat München mit Pflanzen für die öffentlichen Beete zu versorgen, ist heute nicht nur eine Anzuchtgärtnerei. In mehreren Themengärten (vom Rosen- über den Duft- und Tast- bis zum Giftpflanzengarten) lassen sich Pflanzen mit allen Sinnen erfahren. Nur beim Giftgarten sollte man auf den Geschmacksinn lieber verzichten.

Hadern

48 AUF DEM WALDFRIEDHOF

Mo–So

Ⓗ **U-Bahn** Holzapfelkreuth
Ⓗ **Bus** Waldfriedhof Haupteingang
Fürstenrieder Straße 288
muenchen.de/leben/staedtische-friedhoefe

1907 eröffnet, war der Münchner Waldfriedhof der erste in Deutschland. Zu den bekannten Persönlichkeiten, die im Alten Teil begraben sind, gehören der Komponist Max Reger und der Schriftsteller Michael Ende. Es gibt Führungen, etwa zu den Abteilungen für unterschiedliche Konfessionen, zu Gräbern von Prominenten oder zu solchen mit ungewöhnlichen, skurrilen Inschriften (Bild).

Altstadt

49 MITTEN IM ZENTRUM

Mo–So

Ⓗ **S-Bahn** | **U-Bahn** Marienplatz
5 Höfe, Theatinerstraße 8

Wenn wir »ins Grüne gehen«, meinen wir üblicherweise »hinaus in die Natur« und nicht »in die Einkaufspassage Fünf Höfe«. Und doch könnte der Amirahof im Sommer grüner kaum sein. Zwölf Platanen breiten auf 270 Quadratmetern ihr frisches Grün über den Köpfen der Besucher aus, die sich darunter niederlassen können. Auch wenn diese Insel klein ist – der Lärm, den die Welt so oft macht, bleibt draußen.

volkstheate

20:00

ABEND-EVENTS

Nach Feierabend beginnt München zu entspannen. Menschen bummeln durch die Altstadt oder an die Isar, treffen sich mit Freunden im Café oder machen sich, chic gestylt, auf den Weg in eine der unzähligen Abendveranstaltungen, die die lebendige Kulturszene zu bieten hat. Ob klassisches Musiktheater, Kabarett oder Puppenspiel – die Auswahl ist riesig und hält für jeden Geschmack das Richtige bereit. Lassen Sie sich treiben, überraschen und verführen.

◄ Der Neubau des Volkstheaters, 2021 eröffnet

Altstadt

50 SPEKTAKULÄR UND INTERNATIONAL

Das Deutsche Theater ist nicht nur das größte Gastspieltheater Deutschlands, sondern auch ein magischer Ort voller Überraschungen und Geschichten! Eröffnet wurde es am 26. September 1896 und hat seitdem eine bewegte Geschichte durchlebt. Mit rund 1500 Sitzplätzen ist es nach der Bayerischen Staatsoper das zweitgrößte Theater der Landeshauptstadt und bietet jährlich etwa 300 Vorstellungen. Hier kann man alles erleben – von spektakulären Musicals wie »West Side Story«, »Grease« oder »Tanz der Vampire« bis hin zu mitreißenden Tanzshows und Konzerten internationaler Stars.

Doch damit nicht genug. Wussten Sie, dass das Deutsche Theater während des Münchner Faschings in das größte Ballhaus der Stadt verwandelt wird? Schon Stars wie Romy Schneider debütierten hier auf glanzvollen Bällen. Es gab sogar Boxkämpfe. Und gleich nach seiner Eröffnung wurde das Theater als »Feenpalast« bekannt; der Name unterstrich die Ambition, ein Ort der Fantasie, Unterhaltung, des Märchens zu sein. Ein Auftritt Josephine Bakers im Deutschen Theater im Jahr 1929 wurde wegen ihres »zu erotischen« Bananenröckchens allerdings doch abgesagt – der Skandal erhitzte die Münchner Gemüter.

Die Kombination aus traditioneller Architektur und modernem Programm macht das Deutsche Theater zu einem unverzichtbaren Teil der Münchner Kulturszene. Egal, ob man eingefleischter Musicalfan oder einfach nur auf der Suche nach einem unterhaltsamen Abend ist – hier ist für jeden etwas dabei!

Mo–So

Ⓗ **S-Bahn** | **U-Bahn** Karlsplatz/Stachus
Schwanthaler Straße 13, deutsches-theater.de

Altstadt

51 DIE DRITTGRÖSSTE BÜHNE DER WELT

Die Bayerische Staatsoper, ein architektonisches Meisterwerk, präsentiert sich außen klassizistisch mit einem Hauch des antiken Griechenlands. Der Zuschauerraum erstrahlt im prunkvollen Empirestil und bietet mit 2101 Sitzplätzen mehr Platz als die Opéra Garnier in Paris. Und auf der drittgrößten Opernbühne der Welt haben Schauspieler, Musiker, Tänzer und Sänger hier 2500 Quadratmeter, um sich auszutoben! Manchmal sind es sogar Tiere wie etwa Willi, ein Schwein, das in Smetanas Oper »Die verkaufte Braut« so glänzte, dass es am Ende frenetisch bejubelt wurde. Dem riesenhaften Pappmaché-Dinosaurier, den Sir Peter Jonas für seine Aufführung des Händel-Stücks »Giulio Cesare« auf der Bühne platziert hatte, ging es nicht so gut: Er

wurde über viele Tage hinweg ausgebuht. Will man, wie die Bayerische Staatsoper, weltweit beachtet werden, müssen Inszenierungen mitnehmen und begeistern, allerdings auch das Publikum fordern, indem sie Grenzen austesten.

Die Staatsoper ist bekannt für die Vielfalt ihrer Aufführungen, von klassischen Opern bis hin zu modernen Produktionen. Auch die Münchner Opernfestspiele, die seit 1875 stattfinden, sind ein Highlight im Jahreskalender. Und für alle, die dafür keine Tickets ergattern konnten, gibt es eine Alternative! Mit der Initiative »Oper für alle« kann man die Aufführungen auf großen Leinwänden kostenlos im Freien erleben – ein echtes Fest für die Sinne. Über die Webseite werden außerdem Führungen hinter die Kulissen angeboten.

Mo–So

Ⓗ **S-Bahn | U-Bahn** Marienplatz
Max-Joseph-Platz 2, staatsoper.de

Bogenhausen

52 EIN FESTSPIELHAUS FÜR WAGNER

Pläne für ein dem Komponisten Richard Wagner gewidmetes Theater gab es schon seit Mitte des 19. Jahrhunderts, doch städtische Geldnöte verhinderten den Bau. Als der Nobelstadtteil Bogenhausen eingemeindet wurde, wollte man in der Kulturlandschaft Münchens schließlich neue Akzente setzen. Das war 1901. Schlüsselfigur war der Architekt, Bauunternehmer und Besitzer des Grundstücks, Max Littmann. Er ließ sich vom Richard-Wagner-Festspielhaus in Bayreuth inspirieren und schuf mit dem Prinzregententheater ein beeindruckendes Gebäude, das Jugendstil und Klassizismus vereint. Eröffnet wurde das Haus mit Wagners Oper »Meistersinger von Nürnberg«.

Allerdings wird hier neben Musik nicht nur Theater aufgeführt, sondern auch gelebt – das Prinzregententheater ist die Heimat der 1993 gegründeten Theaterakademie August Everding, einer deutschlandweit angesehenen Ausbildungsstätte für angehende Künstler in den Bereichen Schauspiel, Musical, Regie und Kulturjournalismus.

Die Bühne ist ein Schmelztiegel für Talente und bietet Platz für ein buntes Programm – von klassischer Oper über Konzerte und Lesungen bis hin zu modernen Tanztheaterstücken. Das Haus hat eine Kapazität von über 1000 Plätzen im Großen Saal und verfügt über eine Akustik, die selbst anspruchsvollste Ohren erfreut. Ob Sie also eine mitreißende Oper, ein fesselndes Ballett oder eine spannende Show erleben möchten – im Programm des Prinzregententheaters werden Sie sicherlich fündig!

Mo–So

Ⓗ **U-Bahn** Prinzregentenplatz
Prinzregentenplatz 12, theaterakademie.de

DER DEUTSCHEN KUNST

Sendling

53 EIN SCHIFF AUF DER BRÜCKE

Menschen neigen manchmal dazu, das Vergangene, Altbewährte zu glorifizieren. Bei genauerer Betrachtung stimmt das nur selten. Wie spannend es sein kann, ganz neue Wege zu gehen, kann man an der folgenden Geschichte erkennen:

Vor einigen Jahren bereits hat in München, fernab von Wasser, ein Schiff festgemacht. »In München? Ein Schiff?«, fragen Sie jetzt vielleicht. Ja, und zwar ein Ausflugsschiff vom Ammersee. Nach ihrer Ausmusterung wurde die 66 Jahre alte *MS Utting* 2016 von Daniel Hahn und seinem Team vom Münchner Kulturverein Wannda vor der Verschrottung gerettet. In einer spektakulären Aktion karrte man das 144 Tonnen schwere Schiff im Februar 2017 nach München. Seit Juli 2018 thront es, nun als »Alte Utting« bekannt, auf einer ehemaligen Eisenbahnbrücke in Sendling über der Lagerhausstraße.

Von der *New York Times* wurde sie als Beispiel für neue, »hippe« Orte in München genannt, die es selbst mit Berlin aufnehmen könnten. Wenn Sie wollten, könnten Sie die *MS Utting* sorgar borden, um einen Häkelkurs zu machen. Besser aber, Sie genießen im gemütlichen Hecksalon oder auf dem weitläufigen Freiluftdeck bei Speis und Trank die Leichtigkeit des Seins, lauschen Lesungen bzw. einem Konzert oder tanzen im ehemaligen Maschinenraum. Das gebotene Programm ist vielfältig. Bis zu 400 Gäste sind auf der »Alten Utting« zugelassen – Platz ist also genug. Als Kulturveranstaltungsstätte ist das einstige Ausflugsschiff heute nicht mehr aus dem Nachtleben Münchens wegzudenken. Mit Ausnahme der Essensstände ist nur Kartenzahlung möglich.

Mo–So

Ⓗ **U-Bahn** Poccistraße oder Implerstraße | **Bus** Lagerhausstraße
Lagerhausstraße 15, alte-utting.de

Schwabing

54 HIER WIRD SCHARF GESCHOSSEN!

Die Lach- und Schießgesellschaft, Münchens Institution in Sachen Kabarett, wurde 1956 von Sammy Drechsel und Dieter Hildebrandt gegründet. Ersterer war als Sportreporter bekannt, Letzterer durch seine Kabarettsendung »Scheibenwischer« weit über die Grenzen Münchens hinaus Kult. Jahrzehntelang gab sich hier die Crème de la Crème der deutschen Kabarettszene die Klinke in die Hand; hier wurden scharfe Zungen spitzfindig zu treffsicheren Tiraden gedreht.

Im Jahr 2023 ging man in eine »kreative Pause« – in der Welt des Kabaretts wohl ein schönerer Ausdruck für Insolvenz. Doch seit dem 11. November 2024 scheint der Fortbestand des Kabarettbühne im alten Lokal in der Schwabinger Ursulastraße fürs Erste wieder gesichert. Anderswo startet der Abend um 20 Uhr, hier um 19.56 Uhr – analog zum Gründungsjahr der »Lach- und Schieß«.

Auch in Zukunft soll gegen Politik und Gesellschaft geschossen werden, und zwar nach wie vor scharf. Schließlich soll es wieder beben – Kabarett war ein wichtiger Teil der Münchner Kulturlandschaft und soll es weiterhin bleiben. Als Spiegel des Zeitgeschehens und der Gesellschaft hilft es beim Aufbrechen von Denkmustern, ist Gesellschaftskritik, will alles und jeden hinterfragen und demaskieren. Vor allem aber ist das Kabarett ein Katalysator für den Wertediskurs in der Gesellschaft. Bleibt nur zu hoffen, dass der Name der Gruppe, die sich zum Erhalt der »Lach- und Schieß« gegründet hat – »Die Laden-Hüter« – nicht zu seinem Motto wird.

Mo–So

Ⓗ **U-Bahn** Münchner Freiheit
Ursulastraße 9, lachundschiess.de

SPATEN
Corona
LACH
UND
SCHIEß
KULTUR & GASTRONOMIE
Münchner
Lach-und Schieß-
gesellschaft

Ludwigsvorstadt/Isarvorstadt

55 GÄRTNER-PLATZTHEATER

Mo–So

U-Bahn Fraunhoferstraße
Gärtnerplatz
gaertnerplatztheater.de

Das Gärtnerplatztheater ist nicht nur für seine Aufführungen bekannt, sondern auch für seine charmante Atmosphäre und die Möglichkeit, hinter die Kulissen zu schauen. Theaterführungen bieten einen spannenden Einblick in die Geschichte und Kunst des Hauses. Mit seiner Mischung aus Tradition und Innovation bleibt es ein beliebter Ort für Liebhaber von Theater, Oper, Operette, Musical und Ballett und sorgt für unvergessliche Momente.

Altstadt

56 THEATER MIT (JUGEND-)STIL

Mo–So

S-Bahn | U-Bahn Marienplatz
Maximilianstraße 26
muenchner-kammerspiele.de

Auch wenn man in die Münchner Kammerspiele nicht vorrangig wegen der Architektur kommt, sei erwähnt, dass es sich um eines der wenigen Jugendstiltheater Deutschlands handelt. Das Programm reicht von Kabarett mit Gesellschaftskritik über Gastspiele großer Künstler, experimentelle Performances, Adaptionen bekannter Literatur bis hin zu klassischen und modernen Theaterstücken sowie Uraufführungen zeitgenössischer Werke.

Maxvorstadt

57 IM REICH DER SILBERFÄDEN

Do

U-Bahn Universität
Tram Nordendstraße
Neureuther Straße 12
kleinesspiel.de

Seit 1947 tanzen im ältesten privaten Marionettentheater Münchens die Puppen, und zwar immer donnerstags. Platzreservierungen gibt es nicht, der Eintritt ist kostenlos, und auf dem Programm stehen Stücke bekannter Autoren wie Berthold Brecht, George Orwell oder William Shakespeare. Die Mitarbeiter des mit Preisen gekrönten Theaters arbeiten ehrenamtlich.

Isarvorstadt

58 VOLKS-THEATER

Mo–So

Ⓤ U-Bahn Poccistraße
Tumblingerstraße 29
muenchner-volkstheater.de

Das Münchner Volkstheater, gegründet im Jahr 1983, hat sich als bedeutende Bühne in der Münchner Kulturszene etabliert. Es spielt eine zentrale Rolle in der Förderung des Volksschauspiels und verfügt seit dem Neubau im Schlachthofviertel, 2021 eröffnet, über moderne Spielstätten mit Platz für innovative Inszenierungen junger Regisseure. Anziehungspunkt für ein junges Publikum ist auch das jährliche Festival »Radikal jung«, das talentierten Nachwuchsregisseuren eine Plattform bietet.

Untergiesing/Au

59 GANS WOAN-DERS KULTURCAFE

Mo–So

Ⓤ U-Bahn Kolumbusplatz
Pilgersheimerstraße 13
ganswoanders.de

Der spitze, an seiner Front rot bemalte Holzbau sieht provisorisch aus – doch genau das ist sein Charme. Auf baumhausartigen Terrassen lassen sich kleine, auch vegane Speisen und Pizzen genießen. Und im Innenhof finden Konzerte, Lesungen und Comedy statt, im Winter auch ein Weihnachtsmarkt (Bild links).

Weissbier
Franziskaner

Haidhausen

60 SPAZIERGANG IN FRANKREICH

Am Wiener Platz eröffnet sich eine ganz besondere Welt. Das Herzstück bildet der Hofbräukeller mit seinem weitläufigen Biergarten. Daneben locken verführerische Eisdielen, eine gemütliche Weinkneipe lädt zum Verweilen ein, und das Café am Wiener Platz verspricht günstige Gerichte bis 24 Uhr.

Von hier aus kann man zu einem atmosphärischen Abendspaziergang durch das malerische Haidhausen, bekannt auch als »Franzosenviertel«, aufbrechen. Dessen Geschichte ist ebenso faszinierend wie die Architektur: Nach dem Sieg über Frankreich im Krieg von 1870/71 entstand hier ein Stadtteil, der sich an französischen Vorbildern orientierte. Breite, nicht immer rechtwinklig verlaufende Straßen und idyllische Plätze prägen das Bild. Ein möglicher Spaziergang führt über die Stein- in die Metzger- und weiter in die baumgesäumte Wörthstraße. Dort reihen sich Cafés, Kneipen und Restaurants aneinander, und am Ende öffnet sich der charmante Bordeauxplatz. Von dort geht es rechts in die Breisacher Straße zum pittoresken Pariser Platz.

Die Metamorphose vom einstigen »Glasscherben-Viertel« über eine blühende Alternativszene zu einem der angesagtesten Stadtteile Münchens ist gelungen. Der wahre Reiz besteht aber darin, hier verloren zu gehen. Lassen Sie sich vom pulsierenden Leben treiben, entdecken Sie versteckte Schätze wie die heute denkmalgeschützten ehemaligen Herbergshäuser in der Preysingstraße und genießen Sie einen Hauch von Paris mitten in München.

Mo–So

Ⓗ **U-Bahn** Max-Weber-Platz
hofbraeukeller.de, muenchen.de/stadtteile/
haidhausen-wissenswertes-tipps-und-infos

Maxvorstadt

61 PICKNICK IN GRIECHENLAND

München wird oft nachgesagt, es sei die »nördlichste Stadt Italiens«. Das mag hier und da auch so sein (siehe Seite 92) – am Königsplatz fühlt man sich jedoch vielmehr ins antike Griechenland katapultiert – nur ohne Toga-Zwang. Willkommen im »Isar-Athen«, wo sich bayerische Gemütlichkeit und hellenistische Grandezza zu einem wunderbaren Kulturcocktail vermischen!

An lauen Sommerabenden verwandelt sich der Königsplatz in ein Hybrid aus Open-Air-Wohnzimmer, Platz und Forum, das selbst die alten Griechen neidisch gemacht hätte. Hier tummeln sich Boulespieler, die ihre Kugeln präsise werfen, während auf den Stufen der Antikensammlung Picknick-Liebhaber köstliche Schmankerl auspacken – von Tzatziki bis Obazda ist alles dabei.

Die von Leo von Klenze entworfenen klassizistischen Prachtbauten bilden die perfekte Kulisse für dieses bunte Treiben und besonders für kulturelle Events wie Open-Air-Konzerte und -Kinoabende. Die Glyptothek, deren Mauern die Wärme der Nachmittagssonne speichern, wird zur beliebten Anlaufstelle für Sonnenanbeter und Geschichtsfans gleichermaßen.

Während die Sonne untergeht, mischt sich das Lachen der Menschen mit den Klängen der Straßenmusiker. Jogger umrunden den Platz im Tempo der Götterboten, während Studenten auf den Treppenstufen philosophieren. Sokrates wäre stolz!

Mo–So

Ⓗ **U-Bahn** Königsplatz
muenchen.de/sehenswuerdigkeiten/sehenswerte-plaetze/koenigsplatz

Altstadt

62 ABSTECHER NACH ITALIEN

Hier ist er nun doch – der Beweis, dass München die »nördlichste Stadt Italiens« ist. Am Odeonsplatz fühlt man sich wie in einem schönen Traum, in dem ein übermütiger Architekt beschlossen hat, halb Italien um einen Platz zu gruppieren. Beginnen wir mit der gelb angestrichenen Kirche, deren Türme majestätisch in den Himmel ragen. Ihr Original? Nun, das steht in Rom und heißt Sant'Andrea della Valle. In München trägt die Kirche den Namen St. Kajetan, eigentlich nennt man sie aber Theatinerkirche. Gleich daneben grüßt die Feldherrnhalle, eine Kopie der Loggia dei Lanzi in Florenz. Man munkelt, die Florentiner hätten ihre Version nur gebaut, um den Münchnern zuvorzukommen – typisch italienisch eben. Von hier aus erblickt man in der Ferne das Siegestor, einen charmanten Nachbau des Konstantinbogens in Rom. Es steht am Ende der Ludwigstraße, gesäumt von Palästen, die so italienisch aussehen, dass selbst die Tauben nicht wissen, ob sie auf Deutsch oder Italienisch gurren sollen.

Im Café Tambosi, dem ältesten Café Münchens, können Sie den »italienischen Abend« bei einem Glas Chianti ausklingen lassen. Das Gebäude, in dem es untergebracht ist, wurde – atypisch – vom Pariser Basargebäude abgekupfert. Es begrenzt den Hofgarten gen Norden und Westen. In seiner Mitte steht der Tempel der Diana. Sie war im alten Rom als Göttin für das Riesenressort Jagd, Mond, Geburt und den Schutz von Frauen und Mädchen zuständig. An Sommerabenden wird hier manchmal Tango getanzt, Boule gespielt, oder aber man genießt ganz einfach die Ruhe.

Mo–So

Ⓗ **U-Bahn** Odeonsplatz
muenchen.de/sehenswuerdigkeiten/sehenswerte-plaetze/odeonsplatz

Altstadt

63 BAR RESTAURANT GRETA OTO

Mo–So

Ⓗ **S-Bahn | U-Bahn** Karlsplatz/Stachus
Karlsplatz 25
gretaoto-restaurants.com

Der Neubau des Hotels Königshof ist fertig. Seine Dachterrasse über der Sonnenstraße bietet insbesondere abends einen fantastischen Blick auf die Altstadt Münchens mit dem Karlstor, der Fußgängerzone und den Türmen um den Marienplatz.

Au

64 ENDLOSE WEITEN …

Mo–So

Ⓗ **S-Bahn** Isartor
Museumsinsel 1 (Start)
deutsches-museum.de

… So könnte man den Planetenweg entlang der Isar beschreiben, der nicht nur ein Spaziergang ist, sondern eine Reise durch unser Sonnensystem im Miniaturformat. Starten Sie Ihre intergalaktische Wanderung im Innenhof des Deutschen Museums. Von hier führt der Weg ganze 4,5 Kilometer am östlichen Ufer der Isar entlang. Übrigens: Jeder Schritt auf diesem Weg unterm Sternenhimmel entspricht einer Million Kilometer im Weltall (Bild links).

Berg am Laim

65 SONNENUNTERGANG IM WERKSVIERTEL

Mo–So

Ⓗ **S-Bahn** Ostbahnhof
Atelierstraße 22
adinahotels.com

Wo früher Knödelmasse produziert wurde (siehe Seite 30), herrscht heute im weitesten Sinne Kultur. Außerdem wird getanzt, Musik gehört, gebouldert und geklettert, Esskultur genossen – oder man genießt von der Dachterrasse im 16. Stock des Adina Hotels den Sonnenuntergang.

Harlaching/Thalkirchen

66 NACHTFÜHRUNG IM TIERPARK

Mo–Sa

Ⓗ **U-Bahn** Thalkirchen
Tierparkstraße 30
hellabrunn.de

In Geo-Zoos werden Tiere heutzutage in Erdteilen gruppiert gehalten – genau so, wie sie auch in der Natur vorkommen. Der Tierpark Hellabrunn war einer der ersten Geo-Zoos, in denen die Tierwelt in naturnahen Lebensräumen erlebt werden kann. Eröffnet im Jahr 1911, erstreckt er sich über 40 Hektar im malerischen Landschaftsschutzgebiet der Isarauen und beherbergt über 18 000 Tiere aus rund 740 verschiedenen Arten. Spezielle Abend- und Nachtführungen sind hier ein ganz besonderes Erlebnis (Bild oben). Wichtig: Taschenlampen, blinkende Schuhe oder Blitzlicht sind dabei nicht erlaubt (langfristige Voranmeldung erforderlich).

Hofbräuhaus
HB
Augustiner-Bräu München

23:00

FÜR NACHTEULEN

Wer München heute noch als Arbeits- und Rentnerstadt beschreibt und den typischen Münchner als Menschen, der nach einem Theaterbesuch sofort wieder ins Auto steigt, statt den Abend in einer Bar ausklingen zu lassen, ist wohl schon sehr lange nicht mehr hier gewesen. Inzwischen hat sich in der Stadt ein buntes, lebendiges Nachtleben entwickelt. Neben Bars, die schon seit vielen Jahrzehnten existieren, gibt es spannende Pop-ups, deren Türen manchmal nur für kurze Zeit öffnen.

◀ Beliebter Treffpunkt: das Platzl in der Innenstadt

Altstadt

67 MÜNCHENS NUMBER ONE

Der Tresen ist das Herzstück der Bar – im Optimalfall, wie hier, aus einem einzigen Stück Holz. Gedecktes Licht schummert, der Tag wird durch Lamellenfenster ausgeblendet. Der Name dieses Orts? Schumann's natürlich. Nicht einmal konkurrierende Barbesitzer würden dessen Stellung ernsthaft infrage stellen. Und der Keeper? Charles Schumann, Vater der Bar, Godfather der deutschen Tresenkultur. Viele haben ihr Handwerk bei ihm gelernt, manche auch zur Kunst perfektioniert. Nicht nur darin, wie man Drinks mischt; auch, wie man die Schürze bindet; wie man mit wenigen, lässigen Gesten kommuniziert, die Habitus, Ruhe und Wissen verleihen; die Sicherheit, dass jedes kleine Detail bedacht ist, jeder Handgriff präzise ausgeführt wird, als wäre man Chirurg und hätte ein Skalpell in der Hand.

Gäste, die hierherkommen, erwarten genau das. Und Leidenschaft. Die Institution am Odeonsplatz ist schließlich mehr als eine Bar; sie ist ein Erlebnis, das Ihre Geschmacksnerven zum Tanzen und Ihre Lebensgeister zum Singen bringen wird.

Schumann's hat Türsteher, doch trotzdem muss man weder Münchner Original noch Jetset sein oder Hollywood berauschen. Nur Klasse wird erwartet, um den Mann am Piano zu hören, der vielleicht »As Time goes by« anschlägt. Dann nagt die Zeit vielleicht auch schon an der Nacht und am Drink. Man spürt den Blick des Barmanns auf das leere Glas. Ein Nicken. Das Schumann's ist ein Ort für Gespräche, nicht unbedingt aber für viele Worte. Wie hier, in diesem Text. Über Bars. Über *die* Bar in München. Seit vielen Jahren.

Mo–Fr So

Ⓗ **U-Bahn** Odeonsplatz
Odeonsplatz 6–7, schumanns.de

BAR

SALSA CLUB MUNICH

Altstadt/Lehel

68 SALSA-MAGIE

Zwei Claves (Holzstäbe) geben den Rhythmus vor, dann setzen Maracas, Rasseln, Guiros und Cencerros akzentuiert ein. Die Posaune heult, der monotone Gesang peitscht, beschwört die Knochen und wiederholt das unverwechselbare Versprechen von Freiheit und Lebensfreude.

Wer durch die Tür des Salsa Clubs München by Hakan tritt, reibt sich erst einmal die Augen, weil ihn das Gefühl überkommt, in einer Dancehall New Yorks oder Puerto Ricos zu sein – und das ganz ohne Jetlag. Schnell fühlt man sich lebendig – jeder Beat scheint direkt ins Herz zu schlagen und die Füße dazu zu bringen, im Einklang zu schwingen. Die Hochzeiten der Hüften, die geschmeidigen Bewegungen und das Spiel mit dem Raum sind nichts weniger als eine Einladung zur Hingabe. Salsa ist schließlich nicht nur ein Tanz, er ist ein Erlebnis – eine Reise durch Emotionen und Rhythmen. Mit jedem Schritt werden Alltag und Welt unwichtiger. Nur noch der Moment zählt, in dem man mit seinem Partner eins wird im Rhythmus – zwei Körper im Einklang mit der Musik. Salsa ist Feuer, ist Muse, ist größtes Vergnügen, ist Magie!

In den letzten 20 Jahren hat sich Hakan Seven zu einer Hauptfigur in der Münchner Salsa-Szene hochgearbeitet – besonders, wenn es um New-York-Style-Salsa geht. Seine Tanzschule verfügt über eine Bar, donnerstags bis sonntagabends finden hier Salsa-Partys zu verschiedenen Mottos statt, manchmal mit Livemusik. Es ist nicht zwingend, ist man aber ein wenig gestylt, wird man sich hier wohler fühlen.

siehe Webseite

Ⓗ **S-Bahn | U-Bahn** Marienplatz
Westenriederstraße 41, salsaclub-munich.de

Verschiedene Stadtviertel

69 AB ZUM STEHAUSSCHANK

Dieser Tipp hat mit dem Stadtteil Giesing gemein, dass dort vor gut 20 Jahren »Giesinger« das Licht der Welt erblickte, geboren aus den Kesseln von Giesinger Bräu, damals in einem Hinterhof angesiedelt und, sobald lieferbar, vom Besitzer in Bierkutscheruniform im Smart ausgeliefert – kistenweise. Seitdem ist Giesinger gewachsen und heute am Gipfel des Giesinger Berges im eigenen Berggasthof zu Hause.

Andere Brauereien haben Gaststätten zum Verpachten. Giesinger hatte diese finanziellen Mittel nicht, dafür eine Idee: Eine findet sich auf der Webseite unter Stehausschänke. Inzwischen gibt es sie in vielen Stadtvierteln. Weil sie so gut ankommen, ist manche alteingesessene Großbrauerei auf diesen Zug aufgesprungen. Zwischennutzungen, sogenannte Pop-ups sind das Zauberwort. Alles sei besser als tote Ladenfronten, sagt die Stadt.

Im Stehausschank hat man die Möglichkeit, in lockerer Atmosphäre Kontakte zu knüpfen. Je nach Größe der Lokalität werden Events und Themenpartys angeboten, im Stehausschank Universität in der Schellingstraße kann man an zwei Tischkickern ein Spontanturnier ausspielen. Der temporäre »Wiesnausschank« in der Lindwurmstraße 48 bietet während des Oktoberfests Musik und Tanz an. Die Verknüpfung von Stehausschank und kulturellem Ereignis zeigt sich auch in der Kooperation mit dem Projekt »Hotel Happy End« in der Paul-Heyse-Straße, wo Giesinger einen Pop-up-Barbetrieb bei Kunst- und Musikevents betreibt. Das Konzept soll weiter ausgebaut werden – mit dem Ziel, in jedem Münchner Stadtviertel einen Stehausschank zu betreiben.

siehe Webseite

Ⓗ **U-Bahn** Sendlinger Tor
Müllerstraße 51 (u. a.), Martin-Luther-Straße 2 (Brauerei), giesinger-braeu.de

Isarvorstadt/Glockenbachviertel

70 TANZTHEATER PARADISO

Fr–Sa | vor Feiertagen

Ⓗ **S-Bahn** Isartor
Rumfordstraße 2
paradiso-tanzbar.de

Die Paradiso Tanzbar im Gärtnerplatzviertel ist Münchens legendärster Nachtclub. Seit 2008 lässt Jürgen Mair die wilden Zeiten von Freddie Mercury und David Bowie wieder aufleben. Letzterer hat hier gefeiert, als das Paradiso noch Old Mrs Henderson hieß. Mit Kristalllüstern, Discokugel und New-Burlesque-Shows bietet es ein unvergessliches Partyvergnügen abseits des Mainstreams!

Isarvorstadt

71 TRUEBREW BREWING COMPANY

Di–So

Ⓗ **Bus** Blumengroßmarkt oder Roecklplatz
Dreimühlenstraße 25
truebrew.co

Bei München und Bier kann man von einer soliden Beziehung sprechen. Das war aber nicht immer so – bis ins 16. Jahrhundert war Wein das alkoholische Volksgetränk Nummer eins. Mit Mikrobrauereien wie der Truebrew Brewing Company hat sich in Sachen Bier inzwischen eine ganz neue Welt eröffnet. Im Taproom kann man die eigenen Kreationen direkt aus dem Tank verkosten (Bild rechts).

Altstadt

72 TAMTAM-TREPPENBAR

Mi–Sa

Ⓗ **S-Bahn | U-Bahn** Marienplatz
Hildegardstraße 1 (neben Corvinahaus)
tamtam-ok.de

Ein wenig urbanes Abenteuer gefällig? Dann ab in das Gassengewirr zwischen Tal und Maximilianstraße. Hochkultur trifft hier auf Pop – die Tamtamtreppenbar ist Teil des Werk*raums der Kammerspiele, 2024 eröffnet (Bild links). Lassen Sie sich überraschen!

Isarvorstadt

73 FRISCHES BIER

Mo–Sa

Ⓗ **U-Bahn** Goethestraße
Thalkirchner Straße 53
frischesbier-muenchen.de

Der Name ist Programm: Hier fließt flüssiges Gold aus 14 Zapfhähnen, darunter Kreationen des Brauvirtuosen Tilman Ludwig, die Hopfenfans zum Schwärmen bringen. In der gemütlichen Atmosphäre, die an ein uriges Wohnzimmer erinnert, können Gäste eine faszinierende Reise durch die Welt des Craftbiers antreten – egal, ob mit lokalen Spezialitäten oder internationalen Raritäten. Und das, ohne das Portemonnaie zu strapazieren. Wer Hunger bekommt, dem zaubert Chefkoch Stephen Lange herzhafte Leckerbissen aus der Küche – natürlich sind sie den Bieren angepasst.

Isarvorstadt

74 HOP DOG

Mi–So

Ⓗ **Bus** Baldeplatz oder Roecklplatz
Auenstraße 100
hopdog.eu

Der Hotdog, im Jahr 1867 von deutschen Emigranten auf Coney Island erfunden, hat in dieser Bar eine der drei Hauptrollen – Rock 'n' Roll und Bier sind die anderen. 15 Biere gibt es vom Fass – Biere, die man in München so leicht nicht bekommt.

KULINARIK

Münchens Gastroszene ist exquisit: 26 Michelin-Sterne, davon zwei Restaurants mit drei Sternen, verwöhnen Gäste ebenso wie alteingesessene Wirtschaften mit traditioneller Küche, Systemgastronomie und unzählige Schnellküchen für den unkomplizierten Happen zwischendurch. Mehr als 3300 Betriebe laden zu einer kulinarischen Reise ein – wohin auch immer sie gehen soll. Kein Wunsch muss offenbleiben – außer vielleicht, am Wochenende spontan einen Platz zu bekommen.

◄ Ob traditionell oder vegan – Münchens Küche bietet für jeden etwas.

Schwabing

75 CHARMANT UND EXKLUSIV

Geritten wird in der an die Gastronomie angrenzenden Reitschule heute nicht mehr. Geblieben ist allerdings nicht nur der Name, sondern auch der Anspruch der Betreiber, ihren Gästen einen perfekten Rahmen für ihren Besuch zu bieten. In den wilden Siebzigern drängten sich hier die Promis, in den Achtzigern erholten sich hier Studenten von Vorlesungen. Heute ist das Publikum bunt – und das Café Reitschule mal wie der coole Onkel unter den Münchner Lokalen, mal wie ein guter Freund, mit dem man Pferde stehlen kann. Immer aber mit viel Geschichte, mit Charme und einer gewissen bayerischen Lässigkeit.

Im Café wird Frühstück á la carte serviert, im angrenzenden Restaurant Moro Mou wird sonntags zwischen 9:30 und 15 Uhr ein reichhaltiges Brunchbuffet aufgefahren (bitte eine Woche vorher reservieren), das von Früchten, gesunden Flocken und Pancakes über Eierspeisen bis hin zu Weißwürsten und Austern kaum Raum für zusätzliche Wünsche lässt.

Brunch, die Verschmelzung von Br(eakfast) und (L)unch, wurde im 18. Jahrhundert in Großbritannien eingeführt und als perfekte Mahlzeit nach dem Kirchgang oder einem ausgiebigen Ausritt zur Jagd befunden. Heute, hier in München, passt es hervorragend nach dem Spaziergang oder der Radtour durch den angrenzenden Englischen Garten – oder als Therapie, um von einer durchfeierten Nacht erst einmal wieder auf zwei Beine gestellt zu werden.

Mo–So €€

Ⓗ **U-Bahn** Giselastraße
Königinstraße 34, cafe-reitschule.de

Bass Pro Shops

Maxvorstadt/Schwabing

76 EIN STILVOLLER ORT

Das TH Cafe befindet sich genau an der Schnittstelle der lebendigen Maxvorstadt mit Schwabing – das beginnt auf der anderen Straßenseite. Vor zwölf Jahren noch quoll der Raum mit Ständern voller Kleider über; seither füllt sich das Eckcafe, benannt nach den Initialen seiner Betreiber Tino und Hewan, mit Menschen, ist Treffpunkt und Cáfe. Ein stilvoller Ort, um ein paar Stunden des Tages verstreichen zu lassen, Architekturzeitschriften durchzublättern, Leute kommen und gehen zu sehen, sich im Tag einzurichten.

Der Service ist aufmerksam, natürlich und herzlich – und gibt trotzdem genug Raum, um sich wie im eigenen Wohnzimmer zu fühlen. Und Zeit, um sich durch die große Auswahl der von Hewan selbst gebackenen Kuchen zu probieren (manche haben es zu kleinen Berühmtheiten geschafft). Ihre Leidenschaft fürs Backen war die Initialzündung für das Café, das Frühstücksangebot kam erst später hinzu. Die Karte – von Avocadobrot bis Omelettevariationen – ist nicht groß, bietet aber genug, um die Entscheidung schwer zu machen. Das äthiopische Omelette – vielleicht der einzige Platz in der Stadt, wo man ein solches bekommen kann – könnte ein Favorit zum Nachmachen daheim werden. Dazu werden Kaffee, Tees und frisch gepresste Säfte gereicht.

Die durchgehende Wetterfront gibt einem auch bei schlechtem Wetter das Gefühl, zwar geborgen, aber nicht isoliert hinter Mauern zu sitzen. Und im Sommer ist ein Platz auf der Terrasse – sollte man denn einen ergattern – sowieso unschlagbar.

Mo–So €

Ⓗ **U-Bahn** Giselastraße | **Tram** Nordendstraße
Georgenstraße 35, Facebook: Thcafemuenchen, Instagram: thcafemunich

Altstadt/Maxvorstadt und weitere

77 DIE WEISSWURST – NICHT IMMER NUR BIS HIGH NOON

Von wegen die Welt ist rund! In München hat es manchmal den Anschein, sie sei länglich, leicht gekrümmt, weiß ... und hätte zwei Enden. Lassen Sie uns in die Welt der Weißwurst eintauchen – jenes mysteriösen Wesens, das vielmehr bayerisches Kulturgut ist als bloß das Produkt eines Metzgers. Mehr noch: Sie ist die Diva unter den Würsten! Aus feinstem Kalb- und Schweinefleisch plus Gewürzen hergestellt, verlangt sie nach Respekt. Und wie jede Diva hat sie Allüren: Manchmal weigert sie sich standhaft, das Mittagsläuten zu hören. Warum? Nun, früher gab es keine Kühlung, und die zarte Haut der Weißwurst neigte dazu, unansehnlich zu werden. Heute ist das zwar kein Problem mehr, aber Tradition ist in Bayern eben Tradition!

Das Weißwurstfrühstück ist in München eine heilige Zeremonie: Um 11 Uhr morgens sind die Wirtshäuser voll, und überall sitzen Menschen, die konzentriert an ihren Würsten arbeiten. Denn diese wollen nicht einfach gegessen, sondern zelebriert werden! Wie, darüber scheiden sich die Geister. Die einen schwören aufs »Zuzeln« – ein bayerischer Ausdruck für das Aussaugen des Bräts aus der Haut. Weniger Mutige schneiden sie auf. Aber Vorsicht: Wer seine Weißwurst falsch isst, riskiert zumindest einen strengen Blick! Begleitet wird sie übrigens von süßem Senf, einer Brezn und einem Weißbier. Ja, Sie haben richtig gehört: Bier zum Frühstück. In Bayern nennt man das »Kultur«.

Mo–So €

Ⓗ **U-Bahn** | **S-Bahn** Marienplatz
Zum Franziskaner, Residenzstraße 9, zum-franziskaner.de
Ⓗ **U-Bahn** Universtität
Türkenhof (bis 16 Uhr), Türkenstraße 78, tuerkenhof-muenchen.com

Maxvorstadt

78 CAFÉ PUCK

Mo–So €

Ⓗ **U-Bahn** Universität
Ⓗ **Bus** Türkenstraße
Türkenstraße 33
cafe-puck.de

Das Wichtigste vorneweg: Im letzten inhabergeführten Restaurant der Türkenstraße gibt es Frühstück bis 18.00 Uhr. Das ist wichtig für alle, die einen Sommernachtstraum hinter sich haben und erst spät (oder gar nicht) ins Bett gekommen sind. Ob das Café seinen Namen vom Charakter in William Shakespeares Stück – ein gar schelmischer, trickreicher und gewitzter Kobold – geerbt hat, muss offenbleiben. Sicher ist, dass das Puck seit mehr als 30 Jahren ein steter Begleiter im Leben vieler Maxvorstädter ist und seine Nähe zu den Museen im Kunstareal das Café zum beliebten Treffpunkt macht (Bild links). Hier gibt es hausgemachte Frühstücksklassiker genauso wie Käsespatzen und Burger am Abend.

Au

79 HENRY HAT HUNGER ...

Mo–So €

Ⓗ **U-Bahn** Kolumbusplatz
Ⓗ **Tram** Eduard-Schmid-Straße
Zeppelinstraße 27
henryhathunger.de

... und das hoffentlich noch lange! Das auch nach seinem Umzug immer noch kleine, feine charmante Café macht nämlich Hunger auf mehr. Ein Wohnviertel wie die Münchner Au lebt von solchen Orten, die man nach einem halbgaren Abend ebenso aufsuchen möchte wie zum Schnellstart in einen aktiven Tag. Sandra Mayr, die Inhaberin, kommt ursprünglich aus der Modebranche und lebt selbst im Viertel. Das Café zieht ein bunt gemischtes Publikum an – Schüler von der nahen Schule ebenso wie Kreative aus den umliegenden Büros, die bei einer Tasse Kaffee vom Schreibtisch entspannen.

Altstadt

80 LYFE

Mo–Sa €€

Ⓗ **S-Bahn | U-Bahn** Marienplatz
Frauenstraße 34
lyfe-superfood.de

Im LYFE dreht sich alles um Superfoods und Clean Eating. Die Speisekarte bietet eine Vielzahl an Smoothie Bowls, Porridge, Bagels und kreative Sandwiches. Besonders beliebt sind die bunten Smoothie Bowls, die nicht nur optisch wie ein Powerpack daherkommen, sondern auch voller Vitamine stecken. Der »Coconut Cloud«-Smoothie ist das absolute Highlight und vereint Kokos, Ananas und Spirulina. Das Lyfe legt großen Wert auf Nachhaltigkeit und verwendet überwiegend biologische Zutaten ohne Konservierungsstoffe oder Geschmacksverstärker (Bild rechts).

Isarvorstadt

81 WAGNERS JUICERY

Mo–Sa €€

Ⓗ **U-Bahn | Tram** Fraunhoferstraße
Fraunhoferstraße 43
wagnersjuicery.com

Ein Take-away von Wagners Juicery ist ideal, wenn man sich auf den Weg macht zum morgendlichen Spaziergang in die Isarauen. Oder darf's gar ein Frühstückspicknick sein mit Kaffee, Bowls und Säften? Ganz in der Nähe, flussabwärts von der Reichenbachbrücke, wurden bei der Renaturierung stufenartige Terrassen gebaut, an denen man es sich gemütlich machen kann.

Altstadt

82 FÜR JEDEN DAS PASSENDE

Mitten im Zentrum von München ist der Viktualienmarkt eine günstige und gern genutzte Alternative zu einem Mittagessen im Lokal. Viele der Stände unterliegen den Ladenöffnungszeiten.

Saure Ecke Für Freunde von Oliven und Aufstrichen ist die saure Ecke in den Nähe des Maibaums der Schlüssel zum Paradies. Etwas abseits, für die meisten aber kein Hinderungsgrund, sich trotzdem anzustellen, z. B. für eingelegte, einzeln verkaufte Gurken in verschiedenen Ausführungen, immer eingewickelt in ein Blatt Papier.

Fischsemmel von Fisch Maier oder Fisch Witte Es gibt sie mit Rollmops, Matjes oder Flusskrebsen, auch mit Backfisch und Majo – Letztere hat allerdings keinen Kultstatus. Und wenn Sie Ihren Kauf nicht sofort essen wollen, wählen Sie die Variante im Hartschalenbecher.

Die Suppenküche Ein russisches Sprichwort sagt: »Lass mich in deinen Suppentopf gucken, und ich sage dir, wer du bist.« Hier müsste man in viele Suppentöpfe schauen. Lieber einfach einen wählen. Dazu gibt es frisches Brot vom Markt.

Kartoffeln und mehr Bis 15 Uhr gibt es am Kartoffelstand von Caspar Plautz warme Küche. Auf der kleinen Karte sind viele Gerichte vegetarisch, die Produkte kommen von ausgewählten Produzenten, wenn möglich biologisch oder aus solidarischem Landbau. Bei einigen Gerichten spielt die Krummbirne die Hauptrolle, beispielsweise bei gekochten Agria-Kartoffeln mit Butter oder grüner Soße.

Mo–Sa €

Ⓗ **S-Bahn | U-Bahn** Marienplatz
Viktualienmarkt 6, muenchen.de/infos/viktualienmarkt

Purple Rain (BIO)
La Ratte d'Ardèche
Celebration
LAURA (BIO)
Kartoffelverkauf

ELLA

Maxvorstadt

83 EIN ECHTER AUGENSCHMAUS

Weil das Auge mitisst, legen gastronomische Betriebe große Sorgfalt auf das Aussehen und die Ausstattung ihrer Essräume. Sitz- und Lichtkonzepte werden entworfen, mit unterschiedlichsten Tischdekorationen wird gespielt, und Köche investieren viel Zeit und Energie, Speisen auf ausgesuchtem Geschirr ansprechend anzurichten. Jede Zeit und jeder Gastronom und Koch pflegt da, den potenziellen Gast im Visier, seine eigene Linie.

Im Restaurant ELLA – insbesondere auf der Terrasse – bekommt der Ausdruck Augenschmaus noch eine weitere Bedeutung: Einerseits sitzt man als Gast auf der Terrasse wie auf einer Bühne, die von der goldenen Messingfassade des Neubaus eingerahmt wird. Das Büro des Stararchitekten Sir Norman Forster zeichnet für den Anbau an das Lenbachhaus verantwortlich. Andererseits hat man selbst die Propyläen im Blick, die zusammen mit der Glyptothek und der Staatlichen Antikensammlung den Königsplatz bilden. Da passt es gut, dass mediterrane Gerichte, die à la minute zubereitet und modern interpretiert werden, auf die Teller kommen. Bei den Zutaten wird so weit möglich darauf geachtet, dass sie aus der Region stammen.

Der Service ist aufmerksam, und an warmen Tagen hat man rasch das Gefühl, wirklich irgendwo im Mittelmeerraum zu sitzen und es sich einfach nur göttlich gut gehen zu lassen. Die Weisheit, dass man ist, was man isst, könnte man hier also noch erweitern, indem man die über das Restaurant hinausgehende Umgebung mit einschließt.

Di–So €€

Ⓗ **U-Bahn | Bus** Königsplatz
Luisenstraße 33, ella-lenbachhaus.com

Altstadt

84 EIN HAUCH VON LUXUS

Nachmittags im prächtigen Palmenhaus des Cafe Luitpold. Die Sonnenstrahlen tanzen durch das Glas und lassen die Kristalllüster funkeln. Sie sitzen an einem der begehrten Tische, umgeben von der Eleganz vergangener Zeiten, und erwarten Ihre »Tea Time Etagère«. Und glauben Sie mir, diese Etagère ist so hoch gestapelt wie die Geschichten, die sich um dieses Café ranken. Da wäre zum Beispiel die Anekdote über Thomas Mann, der hier angeblich so lange an einem Stück geschrieben haben soll, bis ihm die Kellner höflich, aber bestimmt den Stift aus der Hand genommen haben.

Doch zurück zur Etagère: Ganz oben locken süße Versuchungen: Macarons in Farben, die selbst Monet neidisch gemacht hätten, Pralinen und Tartelettes, die so filigran sind, dass man Angst hat, sie könnten beim Anschauen zerbröseln. Darunter Scones, die darauf warten, mit Clotted Cream und Erdbeermarmelade gekrönt zu werden, herzhafte Häppchen, die so britisch sind, dass man meint, sie »God save the King« summen zu hören. Eiersalat, Räucherlachs, Gurke, Roastbeef ... Dazu nippen Sie an Ihrem Tee, vielleicht mit einem Glas Champagner an der Seite. Sie lehnen sich zurück, atmen den Duft von Gebäck, Kaffee und Geschichte ein und denken: »Ja, so muss sich bayerische Gemütlichkeit, gewürzt mit einem Hauch von britischem Understatement, anfühlen.« Doch Vorsicht: Nach diesem Erlebnis könnte Ihr gewohnter Fünf-Uhr-Tee für immer ruiniert sein!

Mo–So €€

Ⓗ **U-Bahn** Odeonsplatz
Brienner Straße 11, cafe-luitpold.de

Isarvorstadt/Gärtnerplatzviertel

85 FRAU IM MOND

Mo–So €€

Ⓗ **S-Bahn** Isartor (Zugang von der Corneliusbrücke)
Museumsinsel 1
frauimmond.bar

Kein Wunder, dass die Terrassenplätze heiß begehrt sind – vor allem bei Föhn. Das Restaurant »Frau im Mond« befindet sich in einem Anbau des Deutschen Museums, über der Isar gelegen und mit Blick über die grünen Isarauen. Am Abend beschränkt sich die Küche auf Käsefondue.

Altstadt

86 DER KLEINE FLO

Mo–So €

Ⓗ **U-Bahn** Sendlinger Tor
Josephspitalstraße 4
derkleineflo.de

Burger »sampeln« – die Idee ist ideal für alle, die beim Bestellen Entscheidungsschwächen haben oder gerne verschiedene Geschmacksrichtungen ausprobieren wollen. Ein kreatives Restaurant, das eine Vielzahl von Miniburgern und anderen internationalen Gerichten anbietet (Bild oben).

Isarvorstadt

87 CAFÉ MARI

Di–Sa €

Ⓗ **U-Bahn** Poccistraße
Ⓗ **Bus** Tumblingerstraße
Adlzreiterstraße 36
Instagram: marigoldmarie2024

Die helle Eckkneipe mit günstigen Frühstücken sowie kleinen oder auch etwas größeren Happen steht unter der Obhut der Macherinnen der Goldmarie. Bei den Speisen gilt das Baukastenprinzip: Soßen, Brot etc. kosten auf Wunsch extra – so kann man flexibel variieren. Ein Wohlfühlort – optimal für zwischendrin, für länger oder vor dem Besuch des Volkstheaters (Bild unten).

Bayerisches Original

TRADITION MIT GARTENCHARAKTER

Nicht jede Außengastschänke in München ist auch ein Biergarten. Laut der Bayerischen Biergartenverordnung vom 20. April 1999 sind für einen solchen zwei Merkmale kennzeichnend: »der Gartencharakter und die traditionelle Betriebsform, speziell die Möglichkeit, dort auch die mitgebrachte, eigene Brotzeit unentgeltlich verzehren zu können«. Die genaue Definition wurde im Zuge der »Biergartenrevolution« im Jahr 1995 notwendig. Damals schäumten nämlich nicht die Maßkrüge, sondern die Gemüter der Münchner, weil ein Gericht die Sperrstunde eines Biergartens aus Lärmschutzgründen für Anlieger des exklusiven Wohngebiets auf 21:30 Uhr vorverlegt hatte.

Die Notwendigkeit für Biergärten gibt es, seit es Brauereien gibt: Bevor es technische Kühlhäuser gab, pflanzte man über die Bierkeller Bäume. Ihrer großen Blätter und des flachen Wurzelwerks wegen waren dafür Kastanien ideal, denn je mehr Schatten, desto länger hielt das Bier im Keller. König Maximilian I. erlaubte den Ausschank von Bier in diesen Gärten – allerdings nur mit dem Verzehr von Brot. Diese Regelung wurde zur Grundlage für die Entwicklung des Biergartens, wie wir ihn heute kennen, zum Beispiel:

Biergarten am Seehaus Ein Teil beherbergt das Restaurant, der andere den Biergarten mit Seeblick.

Ⓗ **U-Bahn** Münchner Freiheit, Kleinhesselohe 3, kuffler.de/de/seehaus/

Chinesischer Turm Sonn- und feiertags spielt bei schönem Wetter hier oft die Blasmusik. Vorbild für den 1789 entworfenen Turm war die doppelt so hohe Pagode des Royal Botanical Gardens in Kew/London.

Ⓗ **U-Bahn** Universität, Englischer Garten 3, chinaturm.de

Augustinerkeller-Biergarten Der große Biergarten mit Gaststätte ist bei den Einheimischen sehr beliebt.

Ⓗ **S-Bahn** Hackerbrücke, Arnulfstraße 52, augustinerkeller.de/de/Galerie/Biergarten

Hirschgarten Mit 8000 Sitzplätzen der größte Biergarten Münchens, vielleicht sogar der größte der Welt. Früher wurde hier Hopfen angebaut, später gab es eine Seidenraupenzucht. Schließlich wurde er das Revier der Könige zur Hirschjagd. Heute noch gibt es ein Gehege mit Dam- und Muffelwild.

Ⓗ **S-Bahn** Hirschgarten, Hirschgarten 1, hirschgarten.de/biergarten/

Mo–So €

Altstadt

88 VOM WIRTSHAUS ZUM KULINARIK-HOTSPOT

Das Spatenhaus am Max-Joseph-Platz ist nicht nur ein Restaurant, sondern ein Stück Münchner Geschichte. Mit einem atemberaubenden Blick auf die prächtige Bayerische Staatsoper und den lebhaften Altstadtplatz zieht es sowohl Einheimische als auch Touristen an. Die charmanten Opernstuben im Obergeschoss bieten eine feierliche Atmosphäre, die sich perfekt für besondere Anlässe eignet.

Die Historie des Spatenhauses reicht bis ins 19. Jahrhundert zurück. Ursprünglich als Wirtshaus gegründet, hat es sich über die Jahre zu einem kulinarischen Hotspot entwickelt. Die Kuffler-Gruppe, die das Restaurant heute betreibt, setzt auf regionale Produkte und eine Mischung aus klassischer und moderner Küche. Während im Erdgeschoss eine gesellige Stimmung herrscht, in der man bayerische Klassiker wie Schweinsbraten oder Weißwürste genießen kann, überrascht das Obergeschoss mit ausgefallenen Menüs, die nicht nur die traditionelle bayerische Küche kreativ und raffiniert interpretieren, einer gehobenen Weinauswahl und einem Service, der seinen Namen mehr als verdient.

Seit Kurzem wird am Sonntag ab 11 Uhr ein »Best-off-Brunch« mit kleinen Portionen vieler Gerichte angeboten, eine Art »Tapas bavarese«, die als »Flying buffet« von den Servicekräften permanent serviert werden. Denn ein klassisches Bufett, das weiß man, sieht nur bis zur Eröffnung appetitlich aus. Reservieren Sie unbedingt vorab – besonders für die beiden Opernstuben.

Mo–So €€–€€€

Ⓗ **S-Bahn | U-Bahn** Marienplatz
Residenzstraße 12, kuffler.de/de/spatenhaus/

SPATEN

Altstadt

89 EIN STÜCK MÜNCHNER LEBENSART

Das Augustiner Stammhaus reicht bis zum 4. Mai 1294 zurück. Damals, die Neuhauser Straße hieß noch Neuhauser Gasse, wurde der Grundstein für das Augustinerkloster gelegt. Auf der heutigen Fußgängerzone (sie wurde 1972 zu den Olympischen Spielen eingerichtet) fuhren wahrscheinlich schwer beladene Fuhrwerke, und an die Frauenkirche hat noch lange niemand gedacht, denn München, am 14. Juni 1158 gegründet, war gerade einmal 136 Jahre alt.

Heute bietet das Restaurant eine hervorragende Auswahl an Speisen und Getränken und ein einzigartiges Ambiente. Der legendäre Muschelsaal, er stammt aus dem Jahr 1897, schafft durch seine beeindruckende Jugendstildekoration und die kunstvollen Muschelreliefs eine besondere Atmosphäre. Hier können Gäste traditionelle bayerische Schmankerl genießen, darunter die knusprige Schweinehaxe mit Kartoffelknödeln und Krautsalat sowie Zwiebelrostbraten mit Bratkartoffeln. Daneben gibt es aber auch leichtere Speisen und Salate auf der Karte. Das hauseigene Bier wird frisch gezapft serviert, ergänzt durch eine Weinkarte. Bei schönem Wetter lädt der Arkadengarten ein und bietet eine entspannte Biergartenatmosphäre.

Im ersten Stock des Stammhauses befindet sich die Iberl-Bühne, ein bekanntes Volkstheater, das regelmäßig Aufführungen traditioneller bayerischer Stücke und Volksschwänke präsentiert und das Augustiner Stammhaus zu einem kulturellen Treffpunkt macht. Hier wird bayerische Tradition noch gelebt – ein Besuch im Augustiner Stammhaus ist mehr als nur ein Essen – es ist ein Stück Münchner Lebensart.

Mo–Sa €–€€

Ⓗ **S-Bahn | U-Bahn** Marienplatz oder Karlsplatz/Stachus
Neuhauser Straße 27, augustiner-restaurant.com

Altstadt

90 BESTE »KRONFLEISCHKÜCHE«

Da Weizen zur Ernährung der Bevölkerung gedacht war, gab es vor 1548 das Verbot, damit zu brauen. 1872 aber kaufte Braumeister Schneider von König Ludwig II. die Erlaubnis, daraus auch ein Bier zu brauen, und baute das Weisse Bräuhaus. Im Zweiten Weltkrieg wurde die Brauerei ins niederbayerische Kelheim verlegt – als Münchner Traditionshaus versteht man sich trotzdem.

Das Weisse Bräuhaus im Tal ist ein wahres Paradies für Liebhaber der bayerischen Küche und bekannt für seine hervorragende Kronfleischküche. Hier wurde das sehr angesagte Prinzip *from nose to tail*, nach dem von der Nase bis zum Schwanz alles verwertet wird, bereits praktiziert, als es noch nicht in aller Munde war. Das trägt nicht nur zur Nachhaltigkeit bei, sondern führt Gästen auch vor Augen, wie unterschiedlich Fleischstücke schmecken können. Die Kronfleischküche umfasst eine Vielzahl von Gerichten aus Kalbskron, Nieren, Leber und Bries. All diese Spezialitäten stammen aus der hauseigenen Metzgerei und werden oft unter dem Namen »Münchner Voressen« serviert. Sie bieten ein authentisches Geschmackserlebnis, das anderswo kaum noch zu finden ist. Ihre Zubereitung erfordert viel Geschick und Wissen über traditionelle Kochmethoden, die hier, im Weissen Bräuhaus, meisterhaft beherrscht werden.

Wie in vielen traditionellen Wirtshäusern werden Weißwürste hier nur bis 12 Uhr angeboten. Danach kann man auf Stockwürste zurückgreifen – sie sind gleich im Geschmack und ähnlich in der Form.

Mo–So **€–€€**

Ⓗ **S-Bahn | U-Bahn** Marienplatz
Im Tal 7, schneider-brauhaus.de

SCHNEIDER WEISSE

Altstadt

91 BRATWURST GLÖCKL AM DOM

Mo–So €-€€

Ⓗ S-Bahn | U-Bahn Marienplatz
Frauenplatz 9
bratwurst-gloeckl.de

Im Schatten des Münchner Doms, versteckt hinter der pulsierenden Fußgängerzone, befindet sich das Nürnberger Bratwurst Glöckl. Die Wirtschaft gibt es seit mehr als 125 Jahren, und das Haus ist älter als der Dom. Die Stuben des Glöckl sind der Inbegriff bayerischer Gemütlichkeit. Dunkle Holztäfelungen und rustikale Möbel schaffen eine behagliche Atmosphäre. Im Sommer lockt die sonnige Terrasse unter schattenspendenden Bäumen. Ein besonderes Highlight ist das frisch gezapfte Augustiner Bier, das aus traditionellen Holzfässern, den sogenannten Banzen, kommt. Prost!

Maxvorstadt

92 OBACHT MAXVORSTADT

Mo–So €

Ⓗ U-Bahn Josephsplatz
Schwindstraße 20
obacht-maxvorstadt.de

Der Name der Wirtschaft ist einfach so an die Fassade gepinselt: Obacht, bayerisch für »Achtung!« oder »Aufpassen!«. Am besten nimmt man ihn als Aufforderung, einzutreten und Atmosphäre wie Speisen gleichermaßen in vollen Zügen zu genießen! Man will hier »neue Wirtshauskultur« leben – traditionelle bayerische Küche wird kreativ kombiniert. Die Betreiber Michel und Holle sorgen dafür, dass sich ihre Gäste wie zu Hause fühlen. Es wird Wert auf regionale Zutaten gelegt, und das Bier kommt frisch gezapft vom Fass.

Isarvorstadt/Glockenbachviertel

93 FRAUNHOFER

Mo–Sa €€

Ⓗ **U-Bahn** Fraunhoferstraße
Fraunhoferstraße 9
fraunhofertheater.de

Das Wirtshaus geht bis ins Jahr 1774 zurück und steht heute samt Gebäude unter Denkmalschutz. Es bietet seinen Gästen – im Winter übrigens auch sonntags – in traditioneller Atmosphäre Bier von Spatenbräu, bayerische Gerichte und vegetarische Alternativen. Seit 1974 gehören zum Restaurant das Werkstattkino und eine Kleinkunstbühne.

Isarvorstadt/Gärtnerplatzviertel

94 XAVER'S

Mo–So €€

Ⓗ **S-Bahn** Isartor
Rumfordstraße 35
xaver-s.de

Altbayern ist die Bezeichnung für Ober- und Niederbayern sowie die Oberpfalz; Schwaben und die drei Franken haben sich erst im frühen 19. Jahrhundert zu Bayern gesellt. Nun, Xaver's ist neubayerisch: Vieles, was ein Wirtshaus ausmacht, wurde übernommen, modern interpretiert und ins 21. Jahrhundert gehoben. Traditionalisten werden hier dennoch nicht verschreckt, die Gemütlichkeit bekommt Raum. Die Wirtshausklassiker fehlen auf der Karte nicht. Man darf gespannt sein, wie das Neubayerische altert.

Altstadt

95 BACHMEIER GENUSSFREUDEN

Di–Sa €€€

Ⓗ **S-Bahn** Isartor
Westenriederstraße 43
bachmeier-genussfreuden.de

Hans Jörg Bachmeier verbindet »Genuss« nicht nur mit »Freuden«, sondern auch bayerische Tradition mit modernen Akzenten. »Ein trauriges Schwein wird immer traurig schmecken«, sagte er einmal und setzt deshalb auf erstklassige Zutaten. Zur besonderen Atmosphäre kommt die Nähe zum Viktualienmarkt, wo viele Zutaten frisch bezogen werden. Gäste können sich auf deftige Klassiker freuen, die mit modernem Twist serviert werden.

Maxvorstadt

96 MÜNCHEN IM HIMMEL

Kulinarisch betrachtet hat Münchens Himmel seit Oktober 2022 drei Sterne mehr … Michelin-Sterne wohlgemerkt. Sie leuchten in der Zentralgalaxie des Museumsquartiers über der Luisenstraße 27. Dort befindet sich das »Labor der Liebe«, wie Jan Hartwig die Küche seines Restaurants JAN nennt.

Die Teller, die aus dieser Küche kommen, sind wahre Kunstwerke. Das Degustationsmenü mit sieben Gängen birgt eine Reise durch Hartwigs kulinarisches Universum. Jeder Gang ist präzise durchdacht. *Signature dishes* wie »Seeigel ›Louise‹« und kreative Interpretationen klassischer Gerichte wie »Beef Wellington« zeigen Hartwigs Fähigkeit, Aromen und Texturen so zu komponieren, dass ein harmonisches Ganzes entsteht. Seine Gerichte sind nicht nur geschmacklich, sondern auch optisch ein Erlebnis.

Um bei seinen Gästen Ablenkung vom Wesentlichen zu vermeiden, ist das Ambiente des Restaurants schlicht, ja puristisch gehalten – hier steht das Essen im Mittelpunkt. Tradition und Innovation widersprechen sich in Jan Hartigs Philosophie nicht, sie ergänzen einander spielerisch. Er beruft sich auf die deutsche Küche, sucht nach ihrem Kern, nimmt Gerichte auseinander und baut sie zu neuen Geschmackswelten zusammen. Dabei spielen auch Nachhaltigkeit und Regionalität eine zentrale Rolle. Hartwig legt großen Wert auf die Herkunft und Qualität der Produkte, die er mit Leidenschaft, Kreativität und seiner handwerklichen Meisterschaft perfektioniert.

Di–Fr **€€€**

Ⓗ **S-Bahn** Hauptbahnhof | **U-Bahn** Königsplatz
Luisenstraße 27, jan-hartwig.com

Lehel

97 ERLESEN EUROPÄISCH

München hat einige stilvolle Plätze, um einen warmen, südländisch anmutenden Sommerabend unter freiem Himmel zu genießen. Sucht man den Platz für ein perfektes Dinner, sollte der Sankt-Anna-Platz im Lehel ganz oben auf der Liste stehen. Und hier liegt das Gandl mittendrin.

Es ist ein wahres Juwel der Münchner Gastronomie, wo traditionelle Gastfreundschaft auf europäische Küche trifft. Die Speisekarte des Gandl bietet eine breite Palette an Gerichten, die von verschiedenen mediterranen Einflüssen geprägt sind und sich durch hochwertige Zutaten auszeichnen.

Mittags können Gäste leichte Speisen genießen. Die sonnige Terrasse ist der perfekte Ort, um nach einem Stadtbummel zu entspannen oder eine kurze Mittagspause einzulegen. Im Inneren findet man darüber hinaus auch einen kleinen Feinkostladen, der mit erlesenen Produkten aus verschiedenen Ländern bestückt ist. Wer möchte, kann hier also nicht nur schlemmen, sondern auch Delikatessen für zu Hause mitnehmen.

Abends kommt im Gandl gehobene Küche auf den Tisch, von französischer Raffinesse bis hin zur Vielfalt italienischer Aromen. Das macht jeden Besuch zu einem besonderen kulinarischen Höhepunkt in einzigartiger Atmosphäre, die zum Verweilen einlädt.

Di–Sa €€

Ⓗ **U-Bahn** Lehel
Sankt-Anna-Platz 1, gandl.de

Isarvorstadt

98 FRISCH, REGIONAL, SAISONAL

Es ist kurz vor 18 Uhr, und die Schlange vor der Schmellerstraße 2 ist lang. Doch dann geht alles sehr schnell. Keine zehn Minuten später sitzen wir am reservierten Tisch. Die auf A5 gefaltete Speisekarte liegt darauf, der Raum des Gründerzeithauses ist von gedimmtem Licht und Kerzen golden beleuchtet. Wasser wird gebracht, Wein geordert. Bald schon werden an die Tische links und rechts Teller gebracht. Ich sehe Gnocchi mit Wirsing, Käse und Körnern darauf, Bandnudeln mit einem dunklen Ragout auf dem zweiten Teller, Fisch mit Kartoffel-Endivien-Salat auf dem dritten. Einfach angerichtet, Pinzettendekoration und Schäumchen glänzen mit Abwesenheit.

Das ist auch schon das Motto der Goldmarie, die Jule (Küche), Petsi und Karin (Gäste und Management) vor 15 Jahren aufgemacht haben. Bis dahin haben die Besitzer ständig gewechselt. Es gibt Lokale, die einfach nicht laufen – bis die richtigen Leute mit einem guten Konzept kommen. Die Küche ist frisch, regional, saisonal, Fleisch nicht unbedingt bio, trotzdem aber »fair« geschlachtet, soweit das fair sein kann. Das Rind Wodka war so eins. Es stammte von einem Hof im Chiemgau, der ein Tier im Jahr schlachtet, es sogar auf der Weide schießt. Wodka hieß es. »Wir haben ein Viertel vom Tier genommen. Dann kam der Lockdown. Über Wochen standen wir in der Küche, haben das Fleisch eingekocht und an unsere Kunden verkauft.« Als sie die Geschichte erzählen, lachen die Frauen. Wie bei so vielem, was sie sagen. Die Zutaten kommen von ausgesuchten Lieferanten, das Essen von Herzen. Ich habe das Gefühl, so ist das mit allem hier. Schade, die Seite ist voll! Ich hätte gern noch mehr geschrieben!

Di–Sa €–€€

Ⓗ **U-Bahn** Poccistraße
Schmellerstraße 23, goldmarie-muenchen.de

Untergiesing

99 AHIMSA RESTAURANT

Di–So €–€€

Ⓗ U-Bahn Kolumbusplatz
Sommerstraße 41
ahimsa-restaurant.de

Ahimsa ist ein Wort aus dem Sanskrit und bedeutet Gewaltlosigkeit – das wichtigste Prinzip im Hinduismus, Jainismus und Buddhismus. Dass man im gleichnamigen Restaurant vegan ist, liegt deshalb nahe. Dass man sich exotischen Gerichten zugewandt hat, lässt die grün gehaltene Dekoration des Raumes erahnen. Im Ahimsa sind Kreativität und Hingabe wichtig. Neben Besitzer Duy Nguyen sind seine Schwester und seine Freundin im Team, die Eltern unterstützen ihn. Duy beschreibt die Karte als spannende pan-asiatische Fusionsküche. Manche Gerichte sind wie Sushi gerollt, andere werden in Dao Bans, burgerähnliche Brötchen, gepackt. Asiatische Aromen harmonieren mit modernen Zubereitungsmethoden (Bild links).

Ludwigsvorstadt

100 MAX PETT … … DAS VEGANE RESTAURANT

Di–So €–€€

Ⓗ U-Bahn Sendlinger Tor
Pettenkofer Straße 8
max-pett.de

Eines der ersten veganen Restaurants Münchens ist das Max Pett: sachlich gehaltener Gastraum und schöne Terrasse, alkoholfreie Getränke. Die Gerichte wechseln. Zur Philosophie des Hauses gehört es, zu veganen Speisen keinen Alkohol anzubieten (Bild rechts).

Altstadt

101 KOMU

Mi–Sa €€€

Ⓗ **S-Bahn | U-Bahn** Marienplatz
Hackenstraße 4 (in der Passage Hofstatt)
komu-restaurant.de

Gegründet von Spitzenkoch Christoph Kunz, der zuvor im renommierten Restaurant Alois brillierte, hat Komu schnell an Ansehen gewonnen und wurde inzwischen bereits mit zwei Michelin-Sternen ausgezeichnet. Das stilvolle Interieur, geprägt von hellem Holz und eleganten Stoffen, schafft eine einladende Atmosphäre. Hier wird Fine Dining neu definiert: Das Menü umfasst abends acht Gänge und mittags vier, wobei jede Speise mit kreativen Aromen überrascht. Die Kombination aus regionalen Zutaten und internationalen Einflüssen spiegelt Kunz' Leidenschaft für die Gastronomie wider.

Maxvorstadt

102 LO STUDENTE

Mo–So €

Ⓗ **U-Bahn** Universität
Schellingstraße 30
lo-studente.de

Die beliebte Holzofenpizzeria Lo Studente bringt ein weiteres Stück Italien nach München. Das Restaurant ist bekannt für seine authentisch italienische Küche zu erschwinglichen Preisen, was es besonders bei Studenten beliebt macht. Ob es hier lebendig oder laut zugeht, hängt davon ab, wann man kommt – oft ist es aber beides, wie im pulsierenden Neapel. Ein Highlight sind die unschlagbaren Mittagsangebote, die von 11 bis 17 Uhr gelten (Bild oben).

UNTERKUNFT

Jährlich zählt die bayerische Metropole knapp 20 Millionen Übernachtungen. Die Gäste kommen zu den wichtigen Messen, zum weltberühmten Oktoberfest, in die charmante Altstadt oder zu spektakulären Konzert- und Sportevents, von denen andere Städte nur träumen können. Und sie erwarten hervorragende Unterkünfte im authentisch bayerischen Stil. Wer kann, sollte darauf achten, dass die Preise während Messeterminen und Großveranstaltungen stark schwanken können.

◂ Stilvoll und familiär – das Ritzi in der Nähe der Isar

Lehel

103 HOTEL OPERA – DIE PERFEKTE OUVERTÜRE

Stellen Sie sich vor, Sie wären ein Dirigent und München Ihr Orchester. Wo würden Sie Ihren Taktstock schwingen? Natürlich im Hotel Opera, der Bühne des Lehels (»Lechel« ausgesprochen)! Mit seinen 25 Zimmern wäre es statt eines großen Orchesters zwar eher ein kleines, exquisites »Kammerensemble«, das aber, würde man es mit Instrumenten beschreiben, von der graziösen Flöte (Standardzimmer mit französischem Bett) bis zur majestätischen Tuba (Junior Suite mit begehbarem Kleiderschrank) alles Wünschenswerte vereint.

1968 wurde das kriegsgebeutelte Wohnhaus in der Sankt-Anna-Straße in einen italienischen Palazzo verwandelt – quasi in eine architektonische Arie. Die Fassade möbelte man in Sgraffito-Technik auf, für Besucher die Ouvertüre zu einem perfekten Wochenende in München. Im Innenhof fühlen Sie sich wie ein Star; Zitronenbäumchen und Vogelgezwitscher bilden die Begleitmusik zu Ihrem morgendlichen Croissant-Genuss. Wer aufmerksam lauscht, kann vielleicht den Eisbach hören – als das Haus dem Hoflieferanten für Wildbret gehörte, wurden in ihm Flusskrebse und Fische kühl gehalten.

Wie das Haus hat sich auch das Lehel gewandelt: Das einstige Armenviertel wurde Teil von Münchens edlem Gucci-Gürtel und bettet das Hotel wie einen sanften Geigenton in diese Gesamtkomposition ein. Verwinkelte Gassen führen Sie zu idyllischen Plätzen, wo selbst gestresste Münchner ins Träumen geraten. Das Opera ist ideal, um Ihrem Münchenbesuch die richtige Note zu geben.

€€

Ⓗ **U-Bahn** Lehel
Sankt-Anna-Straße 10, hotel-opera.de

Ludwigsvorstadt

104 BADEN IN NOSTALGIE

Am grünen Beethovenplatz liegt ein Juwel der Belle Époque: das Hotel Mariandl. Umgeben von eleganten Jugendstilbauten und ehrwürdigen Instituten der Universität, scheint die Zeit hier stehen geblieben zu sein. Das denkmalgeschützte Haus aus der Jahrhundertwende verzaubert mit seiner prächtigen Fassade und lädt ein, in eine Welt voller Charme und Nostalgie einzutauchen.

Statt einer gewöhnlichen Lobby empfängt die Mahagonibar des »Cafés am Beethovenplatz«. Ausgetretene Eichentreppen führen zu Zimmern, die von der Pracht alter Tage erzählen: Antiquitäten, über hundertjährige Parkettböden, Stuckdecken, funkelnde Kristallleuchter. Auf moderne Annehmlichkeiten wie Flachbildfernseher oder Aufzüge muss man hier aber weitgehend verzichten. Die Zimmer sind

einfach, einige verfügen über frei stehende Badewannen, andere werden nur mit Bad auf der Etage (günstiger) angeboten.

Wer das Konzert-Café betritt, fühlt sich fast wie in Wien. Mit Glück sitzt jemand am Klavier, reflektieren die Perlen an den schweren Lüstern, scheint die Sonne auf die Außenfläche unter alten Kastanien ...

In der Woche nach dem Oktoberfest verwandelt sich das Mariandl zudem in ein lebendiges Atelier. Der Besitzer lädt Künstler für sieben Tage ein, die Zimmer als Werkstätten zu nutzen, und öffnet es anschließend für zwei Wochen Kunstliebhabern, die die entstandenen Werke in den einzigartigen Räumlichkeiten bewundern können.

€–€€

Ⓗ **U-Bahn** Goetheplatz | **Bus** Beethovenplatz
Goethestraße 51, mariandl.com

Altstadt

105 EINE WELT FÜR SICH

Der Bayerische Hof ist der Münchner Hotspot der Hotelszene. Hier erwartet Sie ein Fünf-Sterne-Erlebnis der ganz besonderen Art. In 337 einzigartigen Zimmern und Suiten werden Sie sich fühlen wie Gott in Bayern. Von »klassisch chic« bis »modern hip« ist alles dabei!

Die Lage ist der perfekte Ausgangspunkt für alle Ziele im Zentrum der Stadt. Kulinarisch verwöhnt Sie das Zwei-Sterne-Restaurant »Atelier«, in dem Küchenchef Anton Gschwendtner Ihre Geschmacksknospen zum Tango bittet. Sechs Bars könnten zudem dafür sorgen, dass Ihr Blutalkoholspiegel niemals unter das Niveau eines echten Münchner Originals sinkt. Für die Erholung danach gibt es das Blue Spa – mit grandiosem Blick über die Dächer Münchens.

Spazieren Sie zwischendurch auch einmal um die Bauminsel des Promenadeplatzes und sehen Sie sich die Denkmäler dort an, so die überlebensgroße Statue Maximilians von Montgelas, eines Politikers und Staatsreformers des 19. Jahrhunderts, oder (am Sockel des Orlando-di-Lasso-Denkmals) die Fan-Gedenkstelle für Michael Jackson.

Der »King of Pop« hat, wenn in München, genauso im Bayerischen Hof logiert, wie unzählige Stars und Künstler, Fürstlichkeiten und Adelige, Staatsgäste und Wirtschaftsbosse es bis heute tun – aber auch Menschen, die sich einmal etwas ganz Besonderes gönnen möchten. Das hat natürlich seinen Preis – dafür erleben Sie hier die Isarmetropole von ihrer glamourösesten Seite. Im Bayerischen Hof sind Sie nicht nur Gast, Sie werden »a legend in the making«!

€€€

Ⓗ S-Bahn | U-Bahn Marienplatz
Promenadeplatz 2–6, bayerischerhof.de

Altstadt/Lehel

106 ROSEWOOD MUNICH

€€€

S-Bahn | U-Bahn Marienplatz
U-Bahn Odeonsplatz
Kardinal-Faulhaber-Straße 1
rosewoodhotels.com/de/munich

Das Rosewood Munich ist ein luxuriöses Fünf-Sterne-Hotel im Herzen Münchens. Es bietet 132 elegante Zimmer und Suiten mit maßgefertigten Möbeln und modernem Komfort. Die Einrichtung verbindet historischen Charme mit zeitgenössischem Design. Genießen Sie exquisite Gastronomie, einen Spa-Bereich mit Indoorpool und erstklassigen Service. Die zentrale Lage nahe dem Marienplatz ist ideal für anspruchsvolle Reisende, die Münchens Kultur und Sehenswürdigkeiten erkunden möchten.

Isarvorstadt/Gärtnerplatzviertel

107 DEUTSCHE EICHE

€€

Tram Reichenbachplatz
Reichenbachstraße 13
deutsche-eiche.de

Die Deutsche Eiche ist eine Münchner Legende auf vier Etagen! Seit den wilden Fünfzigern ist dieses Haus der Hotspot für alle, die es bunt mögen. Günter Grass war hier, Jean Paul Gaultier ebenfalls, Nastassja Kinski, Rainer Werner Fassbinder und Freddie Mercury sowieso. Hier wurde im Jahr 1971 außerdem die erste Homosexuellen-Aktionsgruppe Münchens aus der Taufe gehoben! In 36 Zimmern verschmilzt Tradition mit Hipster-Chic: Aber der wahre Star ist die Dachterrasse! Während Sie an Ihrem Aperol Spritz nippen, breitet sich vor Ihnen das Panorama Münchens aus: Alpen, Kirchturmspitzen, Maibaum, perfektes Selfie-Licht … Und der Viktualienmarkt ist nur einen Katzensprung entfernt. Das hauseigene Restaurant jongliert gekonnt zwischen deftiger Tradition und leichter Moderne – eine kulinarische Achterbahnfahrt der Extraklasse!

Maxvorstadt

108 DAS HOTEL IN MÜNCHEN

— €

Ⓗ **Bus** Pinakotheken
Türkenstraße 35
das-hotel-in-muenchen.de

»Das Hotel in München« ist ein charmantes Stadthotel mit 36 individuell eingerichteten Zimmern in verschiedenen Kategorien. Von Basic bis Premium finden Sie hier Komfort zu moderaten Preisen. Die zentrale Lage ermöglicht kurze Wege zur Innenstadt, ein reichhaltiges Frühstücksbufett und kostenloses WLAN runden das Angebot ab. Ideal für Städtereisende, die Münchens Atmosphäre erleben möchten.

Haidhausen

109 RITZI

— €€

Ⓗ **U-Bahn | Tram** Max-Weber-Platz
Maria-Theresia-Straße 2a
hotelmuenchen-ritzi.de

Das Ritzi (Bild) bietet ein familiäres Boutiquehotel-Erlebnis im Herzen Münchens. Nahe dem Isarhochufer gelegen, vereint es perfekte Lage mit individuellem Flair. Die Zimmer sind stilvoll eingerichtet und mit modernen Annehmlichkeiten ausgestattet. Im hauseigenen Restaurant wird leichte italienisch-französische Küche geboten, und in der Art-déco-Bar können Sie nach dem Sightseeing entspannen. Die Preise liegen im gehobeneren Segment.

Maxvorstadt

110 AUGUSTEN HOTEL

— €

Ⓗ **Tram** Karlstraße
Augustenstraße 2
augustenhotel.de

Das Augusten Hotel ist wie eine stylische Zeitkapsel, in der die wilden Siebzigerjahre auf modernen Komfort treffen – oder Teakholz auf Highspeed-WLAN. Obwohl vom Hauptbahnhof nur einen Katzensprung entfernt, schlafen Sie hier gut, ohne Ihr Portemonnaie zu leeren!

EVENTKALENDER

Manche Events finden nicht jedes Jahr zum gleichen Termin statt. Außerdem fallen manche der Termine nicht notwendigerweise auf ein Wochenende. Um Ihnen die Planung zu erleichtern, haben wir deshalb auch die Internetadressen angegeben.

▶ **Februar**
Faschingsdienstag-Vormittag, Viktualienmarkt: Tanz der Marktweiber
(muenchen.de/veranstaltungen/party/faschingsparty)
Sicherheitskonferenz, große Einschränkungen im Stadtzentrum
(securityconference.org)

▶ **März**
Heim und Handwerk, Messegelände
(heim-handwerk.de)

▶ **Fasching bis Ostern**
Starkbierzeit, Münchens »5. Jahreszeit«
(muenchen.travel/artikel/maerkte-feste/muenchen-starkbierzeit)

▶ **April**
Münchner Frühlingsfest, Theresienwiese
(muenchen.de/veranstaltungen/feste-festivals/fruehlingsfest-muenchen)

▶ **Mai**
Auer Maidult, Mariahilfplatz
(auerdult.de)

▶ **Juni**
Münchner Stadtgeburtstag (Stadtgründung: 14. Juni 1158)
(muenchen.de/veranstaltungen/stadtgruendungsfest)
Tollwood-Festival, Olympiapark
(tollwood.de)

▶ **Juli**
Internationales Filmfest
(filmfest-muenchen.de)
Jakobidult, Mariahilfplatz
(auerdult.de)

Sommerfest am Olympiapark
(olympiapark.de)
Sommernachtstraum: Konzert und großes Feuerwerkspektakel im Olympiapark
(sommernachtstraum-muenchen.de)
Opernfestspiele im Nationaltheater
(staatsoper.de)
Klassik am Odeonsplatz
(klassik-am-odeonsplatz.de)
Kino am Königsplatz
(kinoliebe.de)

▸ **August**
Pfälzer Weinfest, Innenhof der Residenz
(pfaelzerweinstube.de)
Münchner Klassik Open Air, Brunnenhof der Residenz u. a.
(muenchneropenairsommer.de)

▸ **September/Oktober**
Oktoberfest, Beginn: 3. September-Wochenende (Oktoberfest mit Einzug der Wirte am 1. Samstag, großer Trachten- und Schützenumzug am 1. Sonntag)
(oktoberfest.de)

▸ **Oktober**
Kirchweihdult, Mariahilfplatz
(auerdult.de)

▸ **Dezember**
Weihnachtsmärkte, u. a. Marienplatz, Münchner Freiheit, Pariser Platz, Wittelsbacher Platz (Mittelaltermarkt), Residenz, Chinesischer Turm, Sendlinger Tor, Rindermarkt
(muenchen.de/veranstaltungen/weihnachten/weihnachtsmaerkte-und-christkindlmaerkte)
Wintertollwood, Theresienwiese
(tollwood.de)
markt/1835184/
weihnachtsparade/)

»IN München« ist das Programmheft für alle Veranstaltungen. Es liegt kostenlos in vielen Kneipen und Ämtern auf.
(in-muenchen.de)

WOCHENENDPLANER

FREITAG

Nachmittag 1

Snack

Nachmittag 2

Abendessen

Abend-Event

Nachteulen

SAMSTAGVORMITTAG

Frühaufsteher

Frühstück

Vormittag 1

Snack

Vormittag 2

Mittagessen

SAMSTAGNACHMITTAG/-ABEND

Nachmittag 1

Snack

Nachmittag 2

Abendessen

Abend-Event

Nachteulen

SONNTAG

Frühaufsteher

Frühstück

Vormittag 1

Snack

Vormittag 2

Mittagessen

REGISTER

BILDNACHWEIS

Alle Abbildungen des des Innenteils stammen von Franz Marc Frei mit Ausnahme von:
Wikimedia Commons/Burkhard Mücke, S. 57; Deutsches Theater, S. 77;
Staatsoper/W.Hösl, S. 78; Lioba Schoeneck, S. 81 u.; Schumann's, S. 99 o.;
Klaus Brenninger/Schumann's Bar, S. 99 u.; Café Reitschule, S. 109 (2);
ELLA Restaurant & Café im Lenbachhaus, S. 118 (2); Café Luitpold/Robert Haas, S. 121 o.;
Der kleine Flo, S. 122; Augustiner Stammhaus, S. 130 (2);
Restaurant JAN/Pieter D'Hoop, S. 136 (2); Restaurant Gandl, S. 138, 139;
Max Pett, S. 143 u.; Hotel Mariandl/Ray Moore, S. 148, 149;
Bayerischer Hof/Benjamin Monn, S. 150 (2)
Shutterstock: S. 27 o. (U_Photo), 28 (Artorn Thongtukit), 29 (Simone Crespiatico), 54 u. (Dmytro Stoliarenko), 69 o. (1Jazzmany), 88 u. (footageclips), 96 (trabantos), 125 (r.classen)

IMPRESSUM

Verantwortlich: Claudia Hohdorf
Redaktion und Lektorat: Helga Peterz
Layout und Satz: Elke Mader
Repro: LUDWIG:media
Kartografie: Kartographie Huber, Heike Block
Herstellung: Alexander Knoll
Printed in Poland by CGS Printing

Sind Sie mit diesem Titel zufrieden? Dann würden wir uns über Ihre Weiterempfehlung freuen.
Erzählen Sie es im Freundeskreis, berichten Sie Ihrem Buchhändler, oder bewerten Sie bei Onlinekauf. Und wenn Sie Kritik, Korrekturen, Aktualisierungen haben, freuen wir uns über Ihre Nachricht an Bruckmann Verlag, Postfach 40 02 09, D-80702 München oder per E-Mail an lektorat@verlagshaus.de.

Unser komplettes Programm finden Sie unter verlagshaus24.de/sz-edition

Alle Angaben dieses Werkes wurden vom Autor sorgfältig recherchiert und auf den neuesten Stand gebracht sowie vom Verlag geprüft. Für die Richtigkeit der Angaben kann jedoch keine Haftung übernommen werden, weshalb die Nutzung auf eigene Gefahr erfolgt. In diesem Buch wird aus Gründen der besseren Lesbarkeit das generische Maskulinum verwendet. Weibliche und anderweitige Geschlechteridentitäten werden dabei ausdrücklich mitgemeint, soweit es für die Aussage erforderlich ist.

Bildnachweis:
Umschlagvorderseite: Blick auf die Frauenkirche (Adobe Stock/fottoo)
Umschlagrückseite: Das Olympiastadion (Franz Marc Frei)

Die Deutsche Nationalbibliothek verzeichnet diese Publikation in der Deutschen Nationalbibliografie; detaillierte bibliografische Daten sind im Internet über http://dnb.d-nb.de abrufbar.

ISBN 978-3-7343-3081-0